白马湖优秀出版物出版资助项目

中华优秀传统文化
进幼儿教材研究

刘爱华———著

长 沙

湖南师范大学出版社

图书在版编目（CIP）数据

中华优秀传统文化进幼儿教材研究／刘爱华著．--长沙：湖南师范大学出版社，2024.12．--ISBN 978-7-5648-5499-7

Ⅰ．G613.2

中国国家版本馆 CIP 数据核字第 2024UP0186 号

中华优秀传统文化进幼儿教材研究

Zhonghua Youxiu Chuantong Wenhua Jin You′er Jiaocai Yanjiu

刘爱华　著

◇出 版 人：吴真文
◇责任编辑：胡艳晴
◇责任校对：谢兰梅
◇出版发行：湖南师范大学出版社
　　　　　　地址／长沙市岳麓区　邮编／410081
　　　　　　电话／0731-88873071　88873070
　　　　　　网址／https：//press.hunnu.edu.cn
◇经销：新华书店
◇印刷：长沙印通印刷有限公司
◇开本：710 mm×1000 mm　1/16
◇印张：13.5
◇字数：190 千字
◇版次：2024 年 12 月第 1 版
◇印次：2024 年 12 月第 1 次印刷
◇书号：ISBN 978-7-5648-5499-7
◇定价：48.00 元

前　言

　　党的二十大报告提出，要"强化学前教育、特殊教育普惠发展"。近十年来，我国学前教育取得跨越式发展，普及水平位列世界中上行列，公益普惠底色更加鲜明，区域治理体系不断完善，幼儿园办园水平显著提升，为提高国民素质、建设教育强国奠定了坚实基础，向世界展示了具有中国特色的学前教育发展经验。站在新的历史发展阶段，我们有必要进一步厘清并笃定学前教育的根本价值诉求，主动反思学前教育改革进程中显现出来的一些问题，并探寻解决问题的策略。

　　教育所要关切的问题，不仅仅是剥离文化内涵的认知表征与知识结构，还应囊括塑造人类心智的社会文化。文化既是教育的氛围、土壤和环境，也是教育活动的核心、依据和内容；教育是文化的存在和传承形式，是文化传递、继承和发展的有效途径和外在方式。这就是说，文化与教育，存在着决定与被决定、传承与被传承的关系①。需要指出的是，任何形式的文

①　张传燧，刘欢. 教育文化的迷失与重塑 [J]. 教育文化论坛，2018，10 (4)：1-6.

化传承与创造，都有一个以物质为传达手段的客观化、对象化的过程，而基于人类文化的实践前提和本质，文化活动及其符号应用是一个对象性活动，文化主客体之间在符号的发展中才能产生一种辩证的关系，即需要用马克思主义实践原则来理解文化及符号的优越性，把符号与文化及其创造的发生、发展建立在客观性与主体性辩证统一的基础上。在此理论启示下，我们可能会发现，在许多情况下，幼教工作者在思考学前教育问题时，往往容易忽略对文化生态问题的思考，从而导致决策和行动中出现很多问题。① 有学者在早期就曾经提出，对中国文化传统中的儿童观进行反省和批判，是一个民族必要的文化自觉②，而将儿童观置于中国传统文化之中来考察更是一个民族必要的文化自觉。个体童蒙期对文化的吸收力和储存力极强，如何在个体生命的早期让中华文化独一无二的理念、智慧、气度和神韵成为根植幼儿内心深处的精神血脉和文化素养，既是学前教育价值诉求的根本所在，也是广大幼教工作者面临的重要任务。

文化不仅在微观层面上为心灵活动提供了丰富的生活内容与学习资源，还在宏观体系上为我们建构关于世界与自我的意义供给了工具性支架与社会性经验。③ 如果缺乏对文化（本土文化）这个根本问题的自主认识，就会窄化对学前教育发展与改革的认识和实践。学前教育若要切实回答"培养什么人"

---

① 约瑟夫·托宾，薛烨，唐泽真弓. 重访三种文化中的幼儿园 [M]. 朱家雄，薛烨，译. 上海：华东师范大学出版社，2014：46.
② 庞丽娟. 中国教育改革30年：学前教育卷 [M]. 北京：北京师范大学出版社，2008：83.
③ 郑旭东，陈荣. 从"教育过程"到"教育文化"：百年回望布鲁纳 [J]. 电化教育研究，2019，40（6）：5-10.

"怎样培养人""为谁培养人"的时代问题，应将学前教育实践上升到社会与文化的视角来予以革新——现阶段幼儿园的教育实践应该承载与传递什么样的本土文化，采取什么样的方式途径予以实践？站在中国式教育现代化的新起点，让学前教育传承中华优秀传统文化是落实"立德树人"、奠基"文化自信"的基础工程。① 面临这一具有历史与时代重大价值的现实议题，我们要从既得的教育证据组群中予以分析和探索。

在当前教育管理体制机制背景下，我国幼儿园教师所做的关于"教什么、怎么教"的教育决策以教师个人的意志与认识为主，缺乏一以贯之的制度化管理和过程性监测与评估。在此背景下，我们可以将目光投向幼儿"教材"。虽然现阶段我国没有统编幼儿教材，但是，依托教师用书及相关的课程资源开展幼儿园保育教育活动是常态，幼儿园教师也主要依赖教师指导用书开展保育教育活动。幼儿园教师对学前儿童教育的理解构成了教学理解的基础，对教师用书的理解则构成了其开展教学的主要依据。透视幼儿教材及教学资源，可以寻找到当前幼儿园保育教育过程的传统文化教育痕迹。

那么，到目前为止，我国幼儿园主要使用了哪些幼儿教材、幼儿园教师如何依托教师用书开展教学、幼儿教材发挥了哪些具体功能等问题，都应上升成为学前教育研究领域的重大现实主题，而针对幼儿教材如何承载中华优秀传统文化、革命文化以及新时代文化，既可以从其文本及内容予以具体分析，也可以从其所衍生的教育符号体系中予以推演判断。走近每一本幼

---

① 霍力岩，龙正渝，高宏钰，等. 幼儿教育传承中华优秀传统文化的基本成效、现实挑战与对策建议 [J]. 中国教育学刊，2022 (5)：74 - 79.

儿教材及相关资源，或许可以窥见现阶段我国学前教育的文化向度，思考学前教育改革的应有脉络。

最新研究还指出，当电子媒介和信息技术广泛应用于学校教育时，学生就会消逝，学习者将崛起并与教育者拥有同样面对文化知识的机会。[①] 在此背景不断强化的基础上，作为学习者载体的符号体系可能重新显现远古时代的教育角色（如图腾），跨越于知识体系之上。作为文化传承的重要教育者，所不同的只是相应的符号体系衍生出了更复杂的形态和更高的政治或审美要求。结合幼儿的心理发展逻辑，符号教育有可能成为突破在学前教育阶段开展传统文化教育难点的关键路径，甚至是我国学前教育发展与改革的未来走向。

---

① 周彬. 论技术时代高质量教师教育的路径建构 [J]. 教师教育研究，2023，35 (2)：1 - 8.

目　录

◎第一章 绪 论

一、教材

教材起源于教育活动，教材的产生和发展是与教育教学同时发生并同步发展起来的。教材的系统化与学校教育体系的确立存在密切联系。随着学校教育体系的完备，教材也日益系列化和多样化。

关于教材的内涵，有多种观点。从范畴来看，狭义的教材指根据一定学科任务，编选和组织具有一定范围和深度的知识技能体系，一般以教科书的形式出现；广义的教材指教师指导学生学习的一切教学材料，包括教师的教授行为中所利用的一切素材和手段。

从属性来看，教材是一种工具，是基于一定育人目标、学习内容和学习活动方式分门别类组成的可供学生阅读、视听和借以操作的材料，既是教师进行教学的基本材料，又是学生认识世界的媒体。教材是传授知识技能的主体，它是位于教育者与被教育者之间的中介媒介。另外，还有观点提出教材即狭义的课程；教材是传递教学内容的手段；教材是处于存储状态的教育信息；等等。①

---

① 曾天山. 教材论 [M]. 南昌：江西教育出版社，1997：5 - 6.

教材的产生与变革具备内在的逻辑起点与价值归属。教材与课程相依，其目标决定了教材建设的框架范畴，而国家事权下的知识选择决定了教材的价值取向和伦理基础，学习者的年龄及层次特征界定了教材编排与呈现的方式，教材发展受多种因素的影响而不断塑形，也在诸多教育理想的诉求下扩展了相应的教育功能。比如，信息技术的创新发展正在催生教材的新样态。信息技术让知识的生产机制、组织结构、呈现形式、传播方式和获取渠道等都发生了显著变化，导致教材内容选择面临了新的问题：一是知识生产更加开放，不断消解传统知识形态的固定性、单调性和权威性，知识生产方式也更加多样灵活，需要不断拓展教材开发中知识选择的广度和深度；二是知识传播更加高效，知识的效性不断增强，寄居于纸质文本中的知识被电子化、数据化、信息化，这在客观上为教材载体的多样化发展创造了条件。与此同时，学习者的学生思维方式也正发生转变，从实体思维开始转向智能思维，其思维的开放性、全球性、快捷性、创造性和主体性等新特质也不断涌现，对教材的形态也提出了新的诉求。总之，教材的存量与呈现方式都在面临新的变革，在未来教育生态里，教材还将不断地被塑形，可能从知识载体向文化载体的方向发展。

二、幼儿教材的特征

幼儿教材是指在学前教育阶段幼儿园教师在开展保教活动中指导幼儿学习的全部材料，包括教师用书、幼儿用书、实物教具、电子资料。

教具是幼儿园用以辅助教学的设备和材料，包括实物、玩具、模拟物（标本、模型、复制品等）、图表（图片、卡片、贴绒、照片、地图等）、现代化设备及其软件（幻灯片、电影、电视、录音、录像、投影等）、工具和材料等。政策法规对选择、制作和应用教具的原则作出了规定：

（1）选择与制作要正确、美观、实用，能鲜明地反映教学内容。

（2）颜色与背景要有明显差别，使幼儿能清楚感知。

（3）活动性教具能从静止的背景中区分，易被幼儿感知。

（4）使幼儿多种感官参与活动，如需要，尽可能做到人手一套。

（5）直观与语言密切结合，用语言增强感知效果。

（6）出示教具的数量、时机要得当。①

早期研究曾对某区域的幼儿园教师选用教材及教师指导用书的来源、种类、接受相关培训、实际采用比重、满意程度等方面开展调查，指出当前幼儿园教师仍然十分依赖教材及教师指导用书，但所选用的教材及教师指导用书来源较为单一，种类不丰富，培训不充分，实际采用的比重偏高，满意度一般，园内外的行政干预较深，同时存在着较为显著的城乡差距。② 与其他学习阶段相比，幼儿教材既有其共性，也有其个性。比如，应包含幼儿应掌握的关键经验，文本组织与编撰有序等。幼儿教材应反映具有与其他各级各类学校教材一般意义上的同一属性。③ 但是，学前教育对象也具有独特性，使我国幼儿教材在内容选编、存在形式以及使用主体上形成了相应的特征。

首先，幼儿教材的内容以学前儿童的保教活动与游戏指导为主。2001年，教育部颁布的《幼儿园教育指导纲要（试行）》明确指出，幼儿园教育应以游戏为基本活动，保教并重；2012年教育部颁布的《3～6岁儿童学习与发展指南》强调生活和游戏对幼儿成长的教育价值。幼儿园课程以贯彻《3～6岁儿童学习与发展指南》为原则，经过多年的发展，一方面，"以游戏为基本活动"的幼儿园课程逐渐成为我国学前教育者的共识，游戏不仅

---

① 教育大辞典编纂委员会. 教育大辞典：第2卷（师范教育、幼儿教育、特殊教育）[M]. 上海：上海教育出版社，1990：169.

② 赵南. 幼儿园选用教材及教师指导用书的现状与存在问题分析：以湖南省为例[J]. 湖南师范大学教育科学学报，2013，12（3）：44-48.

③ 张晖. 试论对幼儿园教材的价值审视[J]. 学前教育研究，2006（4）：21-23.

是课程实施的手段或者途径，而且本身就是幼儿园课程①；另一方面，学前儿童身心发展特性决定了幼儿园教育需要与保教活动相融合，且幼儿园生活教学所追求的不仅仅是知识记忆和技能掌握，更是以生活指导为基础引发幼儿积极的情感，形成良好习惯，培养解决问题的能力。② 活动与游戏是教材选编的教育逻辑，幼儿教材不是以"知识体系"为纲，而是以面向学前儿童的保教活动与游戏指导为主。幼儿教材内容选编的生活技能与游戏活动要充分涉及健康、语言、社会、科学、艺术五个领域，且各领域的内容相互渗透，能从不同的角度促进学前儿童情感、态度、能力、知识、技能等方面的发展。

其次，幼儿教材是"一纲多本"下的多样化样态。与我国的中小学教育阶段的教材不同，幼儿教材处于"一纲多本"的开发与编写生态，即以《3～6岁儿童学习与发展指南》为纲，由教师自主编写或相关科研机构联合文教企业开发出版。我国幼儿教材版本较多，各类版本幼儿教材不只是单一的"教材"的文本形态。除开教师指导用书，还配备了幼儿读物、配套相关教学用具、网络数字资源、培训课程等，具有多样化的形态。教材是"教、学、做"一体化开发的教学资源包，旨在为幼儿园教学提供全方位的规划与指导，且便于操作。如亿童文教有限公司联合多所高校教师研发的亿童学习资源包，就包括了幼儿学期材料（读本、小字卡、图卡、贴纸、操作单页）、教学指导手册（教学指导用书、教学读本、教具、挂图）、教学课件等多样态的资源。

最后，幼儿教材功能是以教师理解为统筹。从幼儿教材使用的主体来看，幼儿园教师处于绝对的主导地位，学前儿童则处于相对被动的地位，要从属于幼儿园教师对教材内容与教学器具的选择与安排，幼儿教材提供

---

① 彭茜. 幼儿园游戏课程存在方式的生态学分析 [J]. 教育研究，2021，42（12）：71－80.
② 皮军功. 文化适应与创新：幼儿生活教学论纲 [J]. 学前教育研究，2012（3）：34－37.

的学习信息必须完全借助教师传达到教育对象。① 尽管学生"学"与教师"教"都是教材使用与功能考量的重要组成部分，但由于幼儿教材使用对象的特殊性，教师选择什么内容且如何在理解的基础上使用教材成为幼儿教材功能的统筹，且幼儿园教师对幼儿教材的依赖在一定程度上超越了教师对学前儿童教育的理解，"教师理解"成为学前教育领域运用幼儿教材的功能统筹（见图1-1）。

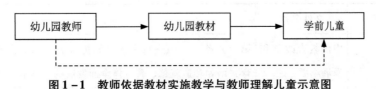

图1-1　教师依据教材实施教学与教师理解儿童示意图

三、中华优秀传统文化进教材的价值逻辑

中华优秀传统文化进教材经历了一个较为长期的发展历程。在20世纪初期，中华优秀传统文化进教材的目的是维护封建统治、渗透忠君思想，素材主要来源于以"四书""五经"为核心的古文典籍，主要集中在孝悌忠信、礼义廉耻等传统伦理道德规范，呈现方式以文字为主，插图辅之。在民国时期，中华优秀传统文化进教材在素材选择来源上突破了经学的限制，历史人物故事、民族文化等出现在教材中，主要内容集中于公民教育与道德教育，呈现形式考虑儿童的兴趣与需要。

新中国成立以来，中华优秀传统文化进教材经历了由不受重视到逐渐具体深入的过程。在新中国成立初期，我国并不重视中华优秀传统文化教育，尤其在"文化大革命"期间，中华优秀传统文化在教材中被大量删减。"拨乱反正"后，中华优秀传统文化日益受到重视，且其主题内容日渐丰

---

① 张晖. 试论对幼儿园教材的价值审视 [J]. 学前教育研究，2006（4）：21-23.

富，载体形式也开始呈现多样化发展。例如，化学学科最初以造纸、陶瓷和火药等中国古代传统技术和工艺为主，后逐渐加入了织品、唐三彩、兵马俑、长城等艺术文化或历史遗迹的介绍。近三十年以来，国家开始陆续出台相关教育政策及文件，明确了中华优秀传统文化进教材的指导原则与具体内容，相关政策文件及政策文本节选如表 1－1 所示。

表 1－1　涉及中华优秀传统文化进教材相关政策文件列表

年份	文件名称	文本节选
1993 年	中国教育改革和发展纲要	第十九条　……进行中华民族传统美德和革命传统教育，培养和造就德、智、体全面发展的"四有"新人
1995 年	中华人民共和国教育法	第七条　教育应当继承和弘扬中华优秀传统文化、革命文化、社会主义先进文化，吸收人类文明发展的一切优秀成果
1999 年	中共中央 国务院关于深化教育改革全面推进素质教育的决定	一（3）　……要有针对性地开展爱国主义、集体主义和社会主义教育，中华民族优秀文化传统和革命传统教育，理想、伦理道德以及文明习惯养成教育，中国近代史、基本国情、国内外形势教育和民主法制教育。把发扬中华民族优良传统同积极学习世界上一切优秀文明成果结合起来
2004 年	关于进一步加强和改进未成年人思想道德建设的若干意见	二　积极开展各种主题教育活动，大力弘扬和培育民族精神。各级教育行政部门要认真落实中宣部和教育部印发的《中小学开展弘扬和培育民族精神教育实施纲要》，把弘扬和培育民族精神教育作为新形势下学校德育工作的重要任务，积极开展多种形式的思想道德教育活动，深入开展中华传统美德和革命传统教育，不断培育青少年学生的爱国情感和民族精神

年份	文件名称	文本节选
2014 年	完善中华优秀传统文化教育指导纲要	第13条 围绕中华优秀传统文化教育的主要任务，适时启动课程标准修订和课程开发的研究论证、试点探索和推广评估工作。在中小学德育、语文、历史、艺术、体育等课程标准修订中，增加中华优秀传统文化内容比重。地理、数学、物理、化学、生物等课程，应结合教学环节渗透中华优秀传统文化相关内容
2017 年	关于实施中华优秀传统文化传承发展工程的意见	第8条 深入阐发文化精髓。加强中华文化研究阐释工作，深入研究阐释中华文化的历史渊源、发展脉络、基本走向，深刻阐明中华优秀传统文化是发展当代中国马克思主义的丰厚滋养，深刻阐明传承发展中华优秀传统文化是建设中国特色社会主义事业的实践之需，深刻阐明丰富多彩的多民族文化是中华文化的基本构成，深刻阐明中华文明是在与其他文明不断交流互鉴中丰富发展的，着力构建有中国底蕴、中国特色的思想体系、学术体系和话语体系
2021 年	中华优秀传统文化进中小学课程教材	二（三） 结合学科特点，注重有机融入。基于中华优秀传统文化与学科的内在联系，结合学科具体主题、单元、模块等，融入相应的中华优秀传统文化内容和载体形式

　　推动中华文化传承与发展，不断增强中华文明传播力和影响力，是中华优秀传统文化进教材的价值追求。面对变幻莫测的世界格局，我国提出了构建人类命运共同体的伟大命题，构建人类命运共同体，这个命题离不开中华优秀传统文化的滋养。与此同时，构建国家文化认同是中华优秀传统文化进教材的文化使命，教材建设是主动的文化实践活动和确立文化自

信的基础，作为学习者接触最多的文本材料，承担了传承中华文化、构建国家认同感和民族自豪感的历史使命。

中华优秀传统文化进教材是完善教材体系的重要机制。在具体的教育实践里，教材是教育的载体，是面向千千万万的教育者、学习者甚至是阅读者的文本，教材建设是国家事权，是教育理念与教育实践落地的最后一公里，中华优秀传统文化进教材为教材建设提供了相应的价值导向，是建立中国特色教材体系的基础。中华优秀传统文化进教材要坚持守正创新，与教育的实际相结合，对中华优秀传统文化要坚持创造性转化与创新性发展，应以知识引领为基础，坚定学习取向，让中华优秀传统文化有序融入教材。

◎ 第二章　我国幼儿教材的源起与流变

改革开放初期，幼儿教育面临的最大问题之一是教材的选用。① 1989 年 6 月，中华人民共和国国家教育委员会发布《幼儿园工作规程（试行）》，规定了国家对幼儿园管理的基本要求和管理的基本原则，对幼儿园的保教工作全面系统地做出了规定，这一文件体现了新的教育观，引发了幼儿园的课程和教学改革。② 其中，第二十八条提出，教育活动过程应"注重支持幼儿的主动探索、操作实践、合作交流和表达表现"；2001 年教育部颁布《幼儿园教育指导纲要（试行）》，将教育内容相对划分为健康、语言、社会、科学、艺术五大领域；2012 年教育部印发《3~6 岁儿童学习与发展指南》，帮助幼儿园教师和家长了解 3~6 岁幼儿学习与发展的基本规律和特点，建立对幼儿发展的合理期望，实施科学的保育和教育。在此发展背景下，我国幼儿教材发展也经历了较为曲折的过程。

一、近 10 年以来学前教育事业发展迅速

1979 年，中国教育学会幼儿教育研究会（1986 年改称为中

---

① 庞丽娟. 中国教育改革 30 年：学前教育卷 [M]. 北京：北京师范大学出版社，2008：128.
② 唐淑. 学前教育史 [M]. 北京：人民教育出版社，2019：206 – 207.

国学前教育研究会）在南京成立，中国著名的教育家陈鹤琴先生担任名誉理事长，各省、市、自治区也相继成立了学前教育研究会，开展教育科研活动。[①] 20 世纪 80 年代后期，在教育体制改革的大背景下，学前教育的管理体制进行重大变革，学前教育重新纳入国家教育行政管理体系，制定了一系列学前教育法规政策，加强了对我国学前教育工作的科学管理，推动了学前教育事业的持续快速发展。

1988 年，国务院办公厅转发国家教委等 8 个部门《关于加强学前教育工作的意见》。1989 年 8 月 20 日，国务院批准了新中国第一个学前教育行政法规《幼儿园管理条例》（国家教委令第 4 号）。《幼儿园管理条例》明确了地方人民政府发展和管理学前教育的职责，提出"地方各级人民政府可以依据本条例举办幼儿园，并鼓励和支持企业事业单位、居民委员会、村民委员会和公民举办幼儿园或捐资助园……地方人民政府应当根据本地区社会经济发展状况，制订幼儿园的发展规划……幼儿园的管理实行地方负责，分级管理和各有关部门分工负责的原则"。文件还对开办幼儿园的基本条件和审批程序、幼儿园的保教工作、行政事务及奖励处罚等做出明确规定。特别要强调的是，《幼儿园管理条例》首次以教育法规形式提出"国家实行的幼儿园登记注册制度"，"各级教育行政部门应当负责监督、评估和指导幼儿的保育教育工作"。从此，学前教育的相关评估工作也在全国展开。

1989 年 6 月，国家教委颁布《幼儿园工作规程（试行）》（国家教委令第 2 号）。在重申 1981 年《幼儿园教育纲要》基本精神的基础上，《幼儿园工作规程（试行）》规定了国家对幼儿园的基本要求和管理的基本原则，全面系统地对幼儿园招生、编班、卫生保健、教育、园舍、设备、工作人员、经费等各项工作作出了规定，如，明确了课程是以"教育活动为基本的组织形式"。1996 年 6 月，《幼儿园工作规程》国家教委令第 25 号正式施行；

---

① 庞丽娟. 中国教育改革 30 年：学前教育卷 [M]. 北京：北京师范大学出版社，2008：5.

2001 年，作为"指导广大幼儿教师将《幼儿园工作规程》的教育思想和观念转化为教育行为的指导性文件"，《幼儿园教育指导纲要（试行）》颁布；2016 年 1 月，教育部发布修订后的《幼儿园工作规程》，新增或修订了部分了内容，如"注重幼儿的实践活动"改为"注重幼儿的直接感知、实际操作和亲身体验"。

2010 年，教育部颁布《国家中长期教育改革和发展规划纲要（2010—2020 年)》，文件设立了"学前教育"专章，提出"普及学前教育"，"到2020 年，普及学前一年教育，基本普及学前两年教育，有条件的地区普及学前三年教育""明确政府职责。把发展学前教育纳入城镇、社会主义新农村建设规划。建立政府主导、社会参与、公办民办并举的办园体制""重点发展农村学前教育。努力提高农村学前教育普及程度"。此后 10 年，在《国务院关于当前发展学前教育的若干意见》和《中共中央 国务院关于学前教育深化改革规范发展的若干意见》两个"国字头"文件，以及连续 3期学前教育行动计划的强力推动下，我国学前教育在普及普惠以及安全优质发展方面有了实质性跨越，始终聚焦破解"入园难""入园贵"这个人民群众急难愁盼的问题，取得了明显的成效。

近 10 年以来，我国学前教育资源总量迅速增加，2021 年全国幼儿园数达 29.5 万所，比 2011 年增加 12.8 万所，有力保障了不断增加的适龄幼儿入园需求。毛入园率持续快速提高，2021 年全国幼儿园在园幼儿数达4805.2 万人，比 2011 年增加 1380.8 万人，全国学前 3 年毛入园率由 2011年的 62.3% 提高到 2021 年的 88.1%，学前教育实现了基本普及。中西部和农村发展最快，全国新增的幼儿园 80% 左右集中在中西部，其中 60% 左右分布在农村。①

---

① 光明日报. 学前教育这十年：公益普惠底色更加鲜明 [EB/OL]. (2022 – 04 – 27) [2024 –01 – 08]. http://www.moe.gov.cn/fbh/live/2022/54405/mtbd/202204/t20220427_ 622252.html.

二、幼儿园课程改革的争议

20 世纪 80 年代，大部分幼儿园基本上以严格的秩序、固定的常规、硬性的课程、以教师为主导的教学形式来管，幼儿园和小学之间几乎没有差别。所有的时间都是教师在教和讲，幼儿把手背在身后，乖乖地坐在椅子上，等待教师的教导，无论老师说什么，他们都照做。① 发展到 21 世纪初，对幼儿的照顾、关爱和教学形式更加符合孩子成长的需求，也更尊重孩子的权利。

学前教育范式转换的根本是改变对幼儿、学习和教学的理解，如尊重幼儿、主动学习、个性化教学、以游戏为基本活动。过去每个孩子用一小盒积木游戏，限制了创造性和想象力，缺乏与其他人分享和合作的乐趣，现在使用积木给孩子们提供一起玩的机会，也为他们提供了较大的建构、交流和合作的空间，有利于培养孩子们的创造性和想象力。

但是，研究者指出，把贯彻改革的需要强加给实践工作者，迫使他们放弃自己熟悉的想法和技能以适应改革，结果很可能使实践工作者对自己的教学能力丧失信心。这种做法没有顾及地方文化差异和具体环境的巨大力量，也没有顾及中国传统文化的生命力。一批专家学者提出了相关观点。李红教授认为，《中国儿童发展纲要（2021—2030 年）》不能代表我们的未来，它过于西方化，西方化教育思想和我们的儒家文化有直接的冲突。西方化教育把个性、民主、平等的教育思想放在首位，像移栽树木一样地把西方文化移植到儒家文化的土壤里，那么这棵大树会很难扎根。要看到，一些具备道德寓意和传统价值观的经典故事逐渐消失，应进一步增强现代

---

① 约瑟夫·托宾，薛烨，唐泽真弓. 重访三种文化中的幼儿园 [M]. 朱家雄，薛烨，译. 上海：华东师范大学出版社，2014：36.

西方思想的本土化和保留中国传统价值和智慧的重要性的认识。而这一点应更多地在学前教育阶段得到体现。相关研究指出，中国是目前美国出口早期教育课程的一大消费者。在过去的二十几年中，我国一直在有选择地借鉴早期教育理念，诸如高瞻课程、方案教学、瑞吉欧，还有日本的各种教育理念和方法。① 中国对进步主义教育理论和实践的引进是为其新经济体系培养有创造力、有个性、有创业精神的公民，在这种需求的驱动下，大城市的一些幼儿园并非有选择地吸收国外的早期教育方法，而是把国外进步主义早期教育范式全盘引进，再把这些进口理论融入中国已有的教育理念和实践中。中西融合的进步主义教育兼收并蓄杜威、维果茨基、方案教学、瑞吉欧方法、儒家思想、中国特色社会主义原则以及一贯重视记忆、练习、掌握、知识和批评方法的中国传统教育思想成为当前认可的主流。

其他国家的学前教育理念值得借鉴。以日本为例，日本把学前教育作为保持文化的基地，而不是改变文化的工具。幼儿园虽然不是日本的传统文化机构，但作为文化基地，在传统价值观处在危境时，它要让成长在后现代社会的幼儿继承传统价值观，但这也并不妨碍日本的科学、商业和其他类型的教育都能自由地借鉴别国经验。美国和大部分欧洲国家的早期教育都基于儿童发展的理论，而日本的早期教育则基于保持和发挥幼儿的稚气，而不是儿童发展的结果，不把幼儿园视为一种替代母亲职责的机构，而是把它当作旧时市场或农村场院，注重社会生活的复杂性，而不是一对一的教学。专家提出，提倡儿童个性化发展和以儿童为主导的课程走得有点太远了，教育有必要在个性化、创造性和中国传统的价值观念之间寻求平衡。

---

① 约瑟夫·托宾，薛烨，唐泽真弓. 重访三种文化中的幼儿园 [M]. 朱家雄，薛烨，译. 上海：华东师范大学出版社，2014：204.

三、幼儿教材的历史发展及流变

目前，我国没有统编幼儿园教材，幼儿园开展保教活动主要依据是幼儿园教师指导用书以及配套的教学资源包。[①] 尽管如此，我国却有着丰硕的蒙学教材体系，20 世纪 80 年代也出现了一批原创型的教材。总之，幼儿园教材的产生与流变经历了特殊的历史发展过程。

（一）古代蒙学教材体系的建立

我国古代的蒙学教材编撰成果丰硕。从秦代开始，童蒙和幼儿教材已趋于定型，秦代的童蒙和幼儿教材有《仓颉篇》《爱历篇》《博学篇》《为吏篇》。两汉有影响的教材有《凡将篇》《急就篇》《训纂篇》《女史篇》。到宋元期间，基本形成了一套蒙学启蒙读本体系，内容逐渐多样化，编写形式不一[②]。除开基础的经典教材《三字经》《百家姓》《千家诗》外，还编写了《神童诗》《名物蒙求》《十七史蒙求》《叙古千字文》《少仪外传》《性理字训》《小学诗礼》等，且大多由学者名人编写[③]。在宋代蒙学教材中，既有综合的，也有分科的，这为明清蒙学发展提供了基础。

明清时期是中国古典文化的总汇期，"三、百、千"被广为传诵，以诗为媒、以文会友的生活图景是常态，教育即生活成为几百年以来的惯例。与此相应的是，明清期间蒙学读本在宋元蒙学读本基础上，改编或新编的蒙学读本版本及数量浩如烟海，其经典迭出，且流传甚广，呈现出学科式发展的景象。

明清期间蒙学教材的繁荣是明清文化发展的缩影。明清期间，程朱理

---

① 中国大百科全书编辑部. 中国大百科全书：教育卷 [M]. 北京：中国大百科全书出版社，1989：146.

② 吴洪成. 中国学校教材史 [M]. 重庆：西南师范大学出版社，1998：144.

③ 熊承涤. 中国古代学校教材研究 [M]. 北京：人民教育出版社，1996：197－206.

学和陆王心学相继占据宗主地位，与此同时，与资本主义萌芽相适应，出现了有一定反君主专制色彩的启蒙思潮，包括李贽、黄宗羲、顾炎武、王夫之、方以智、颜元等人在内的学者，均从不同侧面与理学展开论战，意在封建统治阶级内部开展自我批判，痛斥空谈性理的腐朽学风，提倡经世致用思想，展现了初期的民主与科学精神。启蒙思潮的不断涌现，使科学、技术、天文、地理、建筑、医学等学科知识与素材不断更新，并被纳入到蒙学教材编撰者的视野。以利玛窦为代表的西方传教士来到中国，将西方文化传入中国，从而孕育并产生了徐光启等一批科学巨匠以及一批具有划时代意义的科学杰作，包括李时珍的《本草纲目》、徐光启的《农政全书》、宋应星的《天工开物》、徐霞客的《徐霞客游记》等。其中，《天工开物》全书用图说明了纺织、制盐、制糖、酿酒、榨油、陶瓷、造纸、采煤、冶铸及制造兵器等生产技术，被欧洲誉为中国的技术百科全书，为明清蒙学读本的改版与新编扩大了内容范畴。与此同时，以"三言""二拍"《聊斋志异》《红楼梦》《儒林外史》等为代表的市民文学的兴起以及戏剧、绘画、科学技术的不断发展，为明清蒙学读本的编撰者提供了海量的知识素材①。在明清后期，一方面有学者或文人对原有的蒙学读本进行改编，有了很多新的版本；另一方面根据自身教育理解与现实需要，陆续新编了一大批经典之作②。这一时期的蒙学读本主要有：

典故与名物类。《幼学须知》，由明代程登吉编。《幼学须知》是以成语典故、格言谚语、名言佳句为主要内容的蒙学课本，以内容丰富取胜，在明清风靡全国城乡，在社会上有极大的影响，被称为中国古代的百科全书。《龙文鞭影》，由明代萧良有编撰，全文均为四言，主要内容为历史和神话故事，选自《二十四史》《世说新语》《搜神记》等书中的逸闻趣事。《童

---

① 余国瑞. 中国文化历程 [M]. 2 版. 南京: 东南大学出版社, 2019: 248.
② 熊承涤. 明代的蒙学教材 [J]. 课程·教材·教法, 1991 (11): 33 – 35; 熊承涤. 清代前期的蒙学教材 [J]. 课程·教材·教法, 1992 (3): 12 – 15.

蒙观鉴》，由清代丁有美编撰，分"志学""孝友""高洁""智识""才力""颖敏"6卷，全书共选649个故事①。

训诫与规矩类。最具有代表性的是清代李毓秀著的《弟子规》，有多种版本，是清代中叶后流行最广、影响最大的一本蒙学读本。全书讲述学童生活规范，为三字韵语，核心思想是儒家的孝悌仁爱②。类似的还有《幼仪杂箴》，由明初方孝孺编写，内容为儿童品行德育纲要，从坐、立、行、寝、饮食到好、恶、取、与都提出了具体的要求。另有综合性的《小四书》（朱升编），辑录了宋元时期四种蒙学课本。《小儿语》（明代吕得胜编），是一部童谣体裁的蒙学读本③，此书语言浅近，用四言、六言、杂言的语言形式，讲述做人道理，流行于民间，影响很大。其子吕坤又增补了许多内容，写成《续小儿语》。还有家训类的，如《朱子治家格言》（朱柏庐编写），是一部家教名作，通俗流畅，易于普及。

文体与诗词类。《唐诗三百首》（清孙诛编选）选诗范围相当广泛，全书共310首诗，分8卷，收录了77家诗。诗词以儿童兴趣为主要出发点，具有编法务实、篇幅适中、通俗易懂的特点。类似的还有《古唐诗合解》，选录先秦到唐代有代表性的古近体诗600余首；《唐诗合选》（清刘文蔚编），共选唐诗368首，思想性是选诗的标准。另还有《小学诗》（清代谢泰阶编），语言通俗易懂，易读易记，可分为立教、明伦、敬身3个部分，全文五字一句，四句一段，朗朗上口④。律对类的主要有《声律启蒙》（清代车万育编），该书按韵入编，包罗了天文、地理、花木、兽、人物、器物

---

① 顾明远. 教育大辞典 [M]. 上海：上海教育出版社，1998：217.

② 王应麟，等. 三字经·百家姓·千字文·弟子规全鉴（珍藏版）[M]. 于童蒙，编译. 北京：中国纺织出版社，2016：255.

③ 王应麟，等. 三字经·百家姓·千字文·弟子规全鉴（珍藏版）[M]. 于童蒙，编译. 北京：中国纺织出版社，2016：255.

④ 陈君慧. 蒙学大全 [M]. 哈尔滨：北方文艺出版社，2014：80.

等的虚实应对。与此类似的还有《笠翁对韵》。文体类的主要有《古文观止》，由清代吴楚材、吴调侯编。选文经典，上起先秦，下至明代，共12卷，共222篇，以散文为主，有少数骈文，每篇有简要评注，按时代先后编排。影响较大的还有《千金裘》（清代蒋义彬编），此书为适应当时科举考试和初学诗赋的需要而编，内容分为天、地、人、物四部，各类依韵而编。

科学技术类。《筹算蒙课》（清代劳乃宣编），书中有算盘图和算筹图①。《小学稽业》（清代李塨撰），共5卷，分别为："小学四字韵语（论及行为规范和常识）""学书""学计（数）学乐""诵诗""舞勺"等。

女性训导类。《女儿经》成书于明朝，在民间流传很广，宣扬封建礼教，总纲为"三从四德"。专门针对女性教导的还有《女四书》（王相编），四书指汉班昭的《女诫》，唐宋若华的《女论语》、明成祖后徐氏的《内训》、王相母刘氏的《女范捷录》。明代还有吕得胜编的《女小儿语》，吕坤编的《闺范》等。

在明清当时的文化背景下，蒙学教材最大程度地呈现了某一类别的知识及内涵。明清蒙学或私塾并未呈现专门化的属性，但其读本或教材的知识呈现了学科式的拓展与繁荣，表现在两个方面：一是原有知识的拓展，二是对新知识的选编与融合。读本选文选材精当，部分作品有一定的思想性、艺术性。总体来说，蒙学读本知识的学科式拓展将识字、习文、礼仪、规范、义理、技术等知识给予了生动的阐释。比如：《龙文鞭影》收集了2000多个历史典故，堪称典故大全；《小儿语》《弟子规》对儿童的坐、立、行、言等行为规范都进行了详尽的规定，是具体细化的行为指导书；《古文观止》收集佳作200多篇，体裁风格多样，有论说、序跋、奏议、诏令、赠序、书、牍、传状、叙记、杂记、碑志、典志、颂赞、哀祭、辞赋、

① 劳汉生. 珠算与实用算术［M］. 石家庄：河北科技出版社，2000：53－56.

骈文等，是经典文体及名作大全；《幼学须知》全书共分 4 卷，有天文、地理、岁时、朝廷、文臣、武职等 33 类知识，且每类知识极尽其全。以《幼学须知》中"器用"篇为例，介绍的器具近 30 种，且将每件器赋予了一定的文化意义，如"墨为松使者，纸号楮先生""斗筲言其器小，梁栋谓是大材"，讲的虽然是"器"，说出来的却是文化。可以说，这些具有丰富特征的蒙学读本是国学的根基，培养熏陶出一代又一代品行端正、学识渊博的中国式知识分子①。

与此同时，明清教材读本在内容上的学科式拓展是以"跨学科"方式呈现的，即在某一本读本中呈现了多学科的知识。以《声律启蒙》为例，以"识字"为基础，以"韵律"为方式，但巧妙地呈现了百科的知识，读本中"一东"部分，在不到八十字的文字里，提及了"云、雨、雪、风、晚、晴、天、暑、寒、春、霜"十一个天文常识关键词，"杨柳、杏花、大雁、宿鸟、虫、燕"六类动植物，"岭北、江东、河岸、花园"四个场地、"剑、弓、尺、钧"四种器物等多门类知识。《三字经》虽为基础的识字读本，但用一千多字讲述了 55 个历史人物及其典型事件。这种"跨学科"的拓展方式使儿童进一步提升了文学常识和文化素养，增长了见识，开阔了眼界，并达到人格修养的陶冶和塑造目的。明清蒙学读本的"基因"式模型为理想的儿童读本编撰的应有逻辑提供了范本，展现了其文本的内在逻辑，学科式发展则为当代儿童读本出版提供了有益借鉴，其读本的知识存量、知识融合与基因式存在值得新时代幼教工作者反思。

（二）20 世纪统编幼儿教材

1949 年中华人民共和国成立后，我国开始走"全面学习苏联"的路线。在学前教育领域，教育部开始聘请来自苏联的幼儿教育专家，翻译苏联的

---

① 孙慧玲. 21 世纪初传统蒙学出版情况研究 [J]. 出版广角，2018（3）：45－47.

学前教育教材，按照苏联模式来改造中国的学前教育；对于西方的学前教育理论及学前教育家则定性为资产阶级性质，持全面的否定和排斥的态度。蒙台梭利的教育理论和方法尤其受到严厉的质疑和批判，原因包括：其理论的唯心主义世界观及资产阶级的儿童中心主义；其教育方法强调借助教具对儿童进行感官训练，被定性为机械的教育方法；其教学方法是建构在对智力障碍儿童进行教育的实践总结之上，这样的方法不能应用于正常儿童。这样尖锐的批判让蒙台梭利教学法仿佛烫手的山芋，没有人敢再去研究和讨论，在实践中更是无人问津。①

据资料记载，1980 年 8 月，教育部召开由 26 个省、自治区、直辖市幼教干部、部分园长、教师、专家参加的会议，讨论制定《幼儿园教育纲要》，1981 年 10 月教育部颁发了《幼儿园教育纲要（试行草案）》。与此同时，教育部委托上海市教育局幼儿园教材编写组编写了系列幼儿园教材。

这套教材包括体育、语言、常识、计算、音乐、美术和游戏（见图 2 - 1）共 7 种 9 册。《幼儿园教育纲要（试行草案）》中的"生活卫生习惯和思想品德教育内容与要求"贯穿在以上 7 种教材之中。教育部对这次教材编写工作提出了原则：思想性，选编的教材要有利于贯彻《幼儿园教育纲要（试行草案）》；科学性，选编的教材，知识既要准确，又要通俗易懂，为幼儿所能接受；趣味性，选编的教材要有趣味，能调动幼儿学习的积极性；稳定性，选编的教材以我国现代教材为主，并吸取一些国内外优秀传统教材，使教材内容较为广泛，而且具有相对的稳定性②。

---

① 吴洪成. 中国近代中小学教学方法史论［M］. 北京：知识产权出版社，2016：265.
② 《中国教育年鉴》编辑部. 中国教育年鉴（1949—1981）［M］. 北京：中国大百科全书出版社，1984：118.

图 2 – 1　1981 年版《幼儿园教材 游戏 教师用书》，长沙师范学院图书馆收藏

初稿写成后，教育部组织 20 个省、市、自治区部分有经验的幼儿教师、幼儿师范学校教师、高等师范院校教育系学前教育专业教师及幼儿教育行政干部、幼教科研人员等近百人进行了审议，最终由教育部初等教育司审定试用。

以《幼儿园教材·游戏》为例。全书包括游戏、幼儿木偶戏和幼儿皮影戏三个部分并附有幼儿木偶剧。游戏部分由北京师范大学学前教育专业陈帼眉副教授、梁志燊讲师合编，由卢乐山副教授审改；幼儿木偶戏、幼儿皮影戏和幼儿木偶剧由中国木偶剧团关剑青，广东木偶协会林垄编写。本书既阐述了理论，又介绍了指导游戏和制作、操纵木偶和皮影的方法。①

各地教育部门也先后组织编写幼儿园各科教材近 20 种。如 1997 年上半

---

① 全国幼儿园教材编写组. 幼儿园教材 游戏 教师用书 [M]. 北京：人民教育出版社，1982.

年，福建省教委组织全省幼教行家编写了《幼儿园大班教育参考书》和《幼儿用书》，由福建人民出版社出版，福建省新华书店发行，并于1997年秋在全省幼儿园中试用。与此同时，由福建教育音像出版社录制的，与幼儿园小班、中班、大班、学前班教育参考书相配套的录音磁带一并在幼儿园中使用，教材体系基本建立。该教材的使用，为全省广大幼儿园教师进一步明确幼儿教育目标，深入贯彻《幼儿园工作规程（试行）》创造了条件，受到广大幼教工作者的欢迎。①

（三）21世纪幼儿教材的流变

《幼儿园教育指导纲要（试行）》的颁布标志着我国幼儿教育改革步入了新的发展阶段。随着教改的进一步深化，各种幼儿教材层出不穷，幼儿教材的编写、发行与具体选择随意性较大，各个地区的幼儿园采用的教材指导用书也各种各样。个别师资水平较高的幼儿园选择了园本教材，有些幼儿园则选择了新教改后的新课程指导用书，而个别水平较弱的幼儿园仍选用旧教材指导用书。新旧教材的区别更多地体现在是否采用了主题教学的思路。与此同时，不同的教材研发机构针对不同领域进行研发，出现了一批专门性的教材，比如，蒙台梭利式教材、幼儿英语学习教材、中英双语幼儿教材等。

园本教材开发也渐成趋势。幼儿园的园本教材是在幼儿园原有的优秀课程方案的基础上，通过整合、创新建立一套具有课程目标、课程内容、课程方法和课程评价的课程体系。在园本教材的编制过程中，将本园教师和儿童作为课程建构的主体，把家庭、社区资源与园所需要相融合，并依据园所优势建立本园的课程特色。②

---

① 王豫生，福建省教育委员会. 福建教育年鉴（1998） [M]. 厦门：福建教育出版社，2001：83 – 84.

② 张莅颖. 幼儿园管理基础 [M]. 石家庄：河北大学出版社，2012：105 – 107.

近十几年以来，各种版本的幼儿园课程方案（或称为"幼儿园教师指导用书"）陆续出版，成为幼儿园保教活动的主要参考资源。与1982年人民教育出版社出版的统编教材相比，性质发生了巨大变化——不再是"教材库"，由专家们根据幼儿园教育大纲精选出来的、供广大教师选用的教学内容的资料集合，而是"教案库"，各种优秀的教学活动方案（或称计划）的集合，或者是一套完整的"课程方案"，包括学年、学期、学习单元的整体规划及具体的活动安排。这种从"教材"到"教案"的转变是自1989年《幼儿园工作规程（试行）》（以下简称《规程》）颁布以后开始的。

　　应该说，无论是提供"教材"，还是提供"教案"，都是学术界和出版部门合作，为一线教师提供的一种支持。但这两种支持的重点是不同的。教材的支持重点在教育内容，其宗旨在于为教师解决"教什么"的问题，把握方向、提供方便。教案则将支持的重点扩展到教师可以和应该"怎样教"上面。这种变化的根本原因在于教育改革形势的要求。《规程》中"合理地综合组织各方面的教育内容""创设与教育相适应的良好环境""以游戏为基本活动，寓教育于各项活动之中""注重活动过程"等体现新的学习观、发展观、课程观的提法，对当时习惯于"分科上课""教授知识"的教师们提出了相应的变革诉求。

四、关于是否存在幼儿教材的争议

　　除非幼儿园真的没有教学，而只有幼儿自己的本体性游戏，否则，幼儿园是无法回避教材问题的。[①] 事实上，在我国，在很大概率上不会有幼儿园教师不进行教学。因此，如若不使用有关部门出版的教材，就只能使用

---

　　① 朱家雄. 当今我国学前教育事业发展面临的主要问题及政策导向 [M]. 上海：华东师范大学出版社，2016：146.

教师自编的教材。从这样的逻辑出发，幼儿园使用教材的问题就不再是"该不该使用教材""能不能存在教材"的问题，而应该是"使用什么样的教材"的问题了。因此，即使幼儿园教育有别于其他各级各类教育机构教育，幼儿园教师也在教学，幼儿园老师是否要运用教材本是一个无须争议的问题，只是幼儿园教师使用教材进行教学，应该有不同于其他教育机构教师的特点。①

用"不得超越底线"的要求来考量"使用什么样的教材"，会使问题变得非常简单。使用经由专家们精心编制、通过教育管理部门严格把关的并由专业出版机构承担相关社会责任的幼儿园教材，超越底线的可能性最小。相反，由幼儿园教师自己编制、没有经过教育管理部门审查、没有任何相关社会担当的幼儿园教材，其超越底线的可能性最大，这属于最基本的教育思考，也是最有社会责任感的思考。不幸的是，这样一个无须争议的问题却被一些所谓的理由"绑架"了。有研究者指出，其中有个理由是"教材市场混乱，各销售环节产生腐败，因此必须整肃"，但这种说法无疑是因噎废食。②

随着幼儿园园本课程改革的不断深入，教材作为课程的体现物也日益重要。而目前，我国没有幼儿园教材编写的审定委员会，幼儿园教材的编写、发行随意性很大；也没有一个可供幼儿园一线教师选择或编写幼儿园教材的依据或评价指标。因此，对幼儿园教材进行评价是很有必要的。评价教材的切入点即价值审视很重要，离不开现实社会特定的文化背景下的文化继承、社会政治经济发展对人的要求、教育理念与课程观和人的身心发展规律。③ 有相关研究对湖南省幼儿园教师选用教材及教师指导用书的来

---

① 朱家雄. 当今我国学前教育事业发展面临的主要问题及政策导向 [M]. 上海：华东师范大学出版社，2016：146.

② 朱家雄. 黄绿相间的银杏叶 [M]. 上海：上海教育出版社，2020：133.

③ 张晖. 试论对幼儿园教材的价值审视 [J]. 学前教育研究，2006 (4)：21-23.

源、种类、接受相关培训、实际采用比重、满意程度等方面开展了调查，提出当前幼儿园教师仍然十分依赖教材及教师指导用书，但所选用的教材及教师指导用书来源较为单一，种类不丰富，培训不充分，实际采用的比重偏高，满意度一般，园内外的行政干预较深，同时存在着较为显著的城乡差距，① 这是为幼儿园教材科学研发与谨慎使用提出的具有前瞻性意义的呼吁。

---

① 赵南. 幼儿园选用教材及教师指导用书的现状与存在问题分析：以湖南省为例 [J]. 湖南师范大学教育科学学报，2013，12（3）：44-48.

◎ 第三章　我国幼儿教材使用现状调查与分析

尽管目前我国没有统编幼儿园教材，但依托教学资源开展保教活动是幼儿园教育生活的常态，幼儿园教师也主要依赖教师指导用书开展保教活动。[①] 学前教育是终身学习的开端，对个体发展具有奠基的意义，幼儿园教师要比其他教育阶段教师背负更大的教育使命，但幼儿园教师所做的关于"教什么、怎么教"的教育决策以教师个人的意志与认识为主[②]，且缺乏有效的评估监测机制。幼儿园教师对学前儿童教育的理解构成了教学理解的基础，对教学资源的理解则构成了其开展教学的主要依据。在此情况下，应开启对幼儿园教学资源使用现状及功能的系列探讨。目前我国幼儿园使用了哪些幼儿园教学资源、幼儿园教师如何依托教师用书开展教学、幼儿园教学资源发挥了哪些具体功能等问题，都应上升成为学前教育研究领域的重大现实主题。

一、我国幼儿教材使用现状调查

（一）调查对象、方法与目的

调查以我国各省幼儿园教师为对象，通过问卷调研、深度

---

① 李云淑. 我国幼儿园教学资源样本研究方法运用现状与反思 [J]. 上海教育科研, 2016 (1)：64-67.

② 赵南. 教师理解儿童的依据与层次 [J]. 学前教育研究, 2021 (10)：1-10.

访谈、文本考察相结合的方式获取资料，了解目前全国主要省份所使用的教学资源及样本，并采用接受分析的方法对教师理解与使用教学资源的现状进行初步分析。

（二）问卷设计与发放

问卷围绕教师人口学数据、园所区域、园所教材选择与应用现状、教师教材功能理解与期待四个维度进行设计［见附录1《幼儿园教材（教师用书）使用现状及功能调查问卷》］。问卷在"问卷星"平台公开发放。在调研后期，为掌握更全面的数据，联络各地区幼儿园教师填写问卷，对部分参与调研的教师辅以深度访谈，以获取所在区域更详尽的情况。

（三）问卷调研结果

来自湖南、上海、北京、浙江、广州、云南、重庆、新疆、河南9个省市的幼儿园教师参与本次调研，共收到有效问卷68份，具体结果如下：

目前的主要教材体例多样，主要包括教师用书，配套幼儿用书、教学活动配套卡、教学器具等资源以及配套数字资源等。其中，教师用书体例与内容结构见表3-1。

表3-1　各版本教师用书体例与内容

书名	编写框架	单元结构	参考样书	主要使用省市及其他
幼儿园建构式课程	主题式：幼儿园真好、甜甜蜜蜜、好吃的水果、落叶飘飘、轱辘轱辘、小不点儿、冬天来了等	主题说明、环境创设、家园共育、区域活动、教学活动计划表（目标、准备、过程、建议，12~19个活动）、日常活动	《幼儿园建构式课程教师用书小班上》	北京

书名	编写框架	单元结构	参考样书	主要使用省份及其他
亿童主题学习包	主题式：幼儿园、新年快乐等	主题说明、主题核心价值、子主题目标、主题网络图、周安排、集体教学活动、集体游戏与实践活动，另提供在线指导、教具与课件	《亿童主题学习包 教师指导手册》	河南、云南
体验与探究幼儿学习活动资源（实验版）	主题式：我的成长、龙的传人、身边的动植物、美丽的湖南、大家一起来运动、生活中的秘密等	主题环境创设、集体教学活动、游戏活动、区域活动、生活活动、家园共育	《体验与探究幼儿学习活动资源（实验版）教师用 大班上》	湖南
学前教育教师参考用书（试用本）	主题式：小宝宝、娃娃家、好听的声音、小兔乖乖、学本领、苹果和橘子、小司机、小医生、不怕冷、过年啦等	内容与要求、活动与指导（情境拓展，附故事、儿歌）、教学活动实例	《学前教育 教师参考用书（试用本）学习活动3～4岁》	上海
	模块式：做力所能及的事、文明的行为举止、保护自己、适应集体等	内容与要求、家园共育、案例与分析	《学前教育 教师参考用书（试用本）生活活动3～6岁》	
幼儿园体验式学习与发展课程	版块式：主题活动（哭娃娃、笑娃娃、你好水果宝宝、我是小可爱、瓶罐总动员、好听的故事）、数学活动、游戏（独立单元）	设计意图、主题说明、主题目标、环境创设、区角活动、日常活动、规则游戏、家园互动、主题展开思路一览表、教学设计	《幼儿园体验式学习与发展课程 教师用书 小班上册》	新疆

（续表）

书名	编写框架	单元结构	参考样书	主要使用省份及其他
幼儿园活动整合课程	主题式：伞花朵朵开、拜访大树、亲亲我的脸、走进纸王国、我的数学（给教师的话）等	主题说明、主题网络图、主题活动一览表、主题环境布置参考、活动1～32	《幼儿园活动整合课程 教师用书 中班上册》	云南
幼儿园完整儿童活动课程	模块式：自主游戏、学习活动（主题：我上幼儿园、甜蜜蜜、秋天里、娃娃乐、冬天来了、数学）、日常健康活动（分类）等	自主游戏简介、学习活动（主题说明、环境创设、家园共育、活动区活动、教学活动一览表）	《幼儿园完整儿童活动课程 教师用书 小班上》	浙江
幼儿园渗透式领域课程	主题式：我上幼儿园、幼儿园里真快乐、秋天的水果、新年好等	集体活动、备选活动、区域活动、日常活动、亲子活动，教学材料	《幼儿园渗透式领域课程 健康·语言·社会 教师用书 小班上》	深度访谈
幼儿园和谐发展课程	模块式：健康、语言、社会、科学、数学、艺术	领域说明、教学活动、游戏活动、生活活动	《幼儿园和谐发展课程 教师用书 小班下》	深度访谈
幼儿多元能力探索课程	领域模块式：语言领域、艺术领域、社会领域	领域说明、课题生成、家园共育、延伸活动、活动详解	《幼儿多元能力探索课程 教师用书 语言 艺术 社会 6A》	云南

二、主要版本的教师用书简介

（一）《学前教育教师参考用书（试用本）》

《学前教育教师参考用书（试用本）》由上海市课程教材改革第二期工程推动，教材由上海市中小学（幼儿园）课程改革委员会主编，经上海市中小学教材审查委员会审查后准予试用，教材于 2009 年 8 月出版，到目前为止仍在使用。教师用书共有 7 册，目录见表 3 - 2。

表 3 - 2 《学前教育教师参考用书（试用本）》

序号	名 称	数量（册）
1	《学前教育教师参考用书（试用本）婴幼儿教养活动 2 ~ 3 岁》	1
2	《学前教育教师参考用书（试用本）生活活动 3 ~ 6 岁》	1
3	《学前教育教师参考用书（试用本）游戏活动 3 ~ 6 岁》	1
4	《学前教育教师参考用书（试用本）学习活动 3 ~ 4 岁》	1
5	《学前教育教师参考用书（试用本）学习活动 4 ~ 5 岁》	1
6	《学前教育教师参考用书（试用本）学习活动 5 ~ 6 岁》	1
7	《学前教育教师参考用书（试用本）运动 3 ~ 6 岁》	1
	合计	7

《学前教育教师参考用书（试用本）》以上海市 1999 颁布的《上海市学前教育纲要》和 2002 年颁布的《上海市学前教育课程指南》为修订编写依据。该套教材的特点为：注重幼儿发展的课程和教育活动的低结构性、教育活动内容选择和生成的呈现方式，以及各种课程资源相辅相成而形成的支持系统等。该套书根据游戏、生活、运动和学习四种活动"你中有我、我中有你"的特点，进一步明确 3 ~ 6 岁的各种教师参考用书的性质。其中，《学前教育教师参考用书（试用本）游戏活动 3 ~ 6 岁》为教育参考用书，《学前教育教师参考用书（试用本）生活活动 3 ~ 6 岁》（见图 3 - 1）和

《学前教育教师参考用书（试用本）运动 3～6 岁》为教材性教育参考用书，《学前教育教师参考用书（试用本）学习活动 3～4 岁》《学前教育教师参考用书（试用本）学习活动 4～5 岁》《学前教育教师参考用书（试用本）学习活动 5～6 岁》为教师参考性教材，并特别提出书中一些较高结构的活动，可根据需要选用，而非必用。

图 3-1　《学前教育教师参考用书（试用本）生活活动 3～6 岁》

（二）《幼儿园渗透式领域课程》

该套教材为修订第三版，由《幼儿园渗透式领域课程》编委会编写。

编委会主任为赵寄石、唐淑，副主任为虞永平、许卓娅、彭志斌、徐益民，2017年10月出版（见图3-2），目前仍在投入使用。该套教材教师用书按小、中、大班各分两册，即健康·语言·社会分册和科学·艺术分册，每册均按上、下学期编排，并配套了幼儿操作材料、教学挂图，附带线上教学资源。教师用书目录见表3-3。

图3-2　《幼儿园渗透式领域课程 健康·语言·社会 教师用书 小班 下》

表 3－3　《幼儿园渗透式领域课程 教师用书》

序号	名　称	数量（册）
1	《幼儿园渗透式领域课程 科学·艺术 教师用书 小班》（上、下）	2
2	《幼儿园渗透式领域课程 科学·艺术 教师用书 中班》（上、下）	2
3	《幼儿园渗透式领域课程 科学·艺术 教师用书 大班》（上、下）	2
4	《幼儿园渗透式领域课程 健康·语言·社会 教师用书 小班》（上、下）	2
5	《幼儿园渗透式领域课程 健康·语言·社会 教师用书 中班》（上、下）	2
6	《幼儿园渗透式领域课程 健康·语言·社会 教师用书 大班》（上、下）	2
合　计		12

在第一版中，该套教材提出编写思路，以"领域为实，话题为虚"为原则，提出了两种可能的渗透途径。第一种渗透途径有三个层次：一是内容渗透，在话题的背景中实现；二是符号体系渗透，如结构、对称、节奏、韵律、色彩、秩序、美皆可渗透；三是五大领域目标相互渗透。第二种渗透也有三个层次：一是话题内的领域渗透；二是一日生活间的渗透；三是活动中的渗透。在第三版序中，提出了"对领域渗透的坚守和超越，实现从知识向经验转身，落实生活化和游戏化、数码技术催化课程延展"等主张。

（三）《幼儿园建构式课程》

该套教材由中国学前教育研究会编写，章红、孙浣敬担任主编，2009年6月出版第二版（见图 3－3），目前仍在使用。该套教材以推广建构主义理论为要，在课程目标上以"儿童发展为本"为主旨，选择对儿童发展有利、适合幼儿学习的有意义的主题内容，充分地让幼儿主动建构。整套教材以主题为脉络提供一个构建学习共同体的参照文本，提供了可选择与利用的资源，并建议教师从"明确学习意图，围绕主题脉络提供的丰富给养，多元互动的建构途径"等几个方面予以把握，可以根据幼儿的需要或自身特长，更灵活、更方便地运用这一资源。整套教材目录见表3-4。

图3-3　《幼儿园建构式课程 教师用书 小班 上》

表 3 – 4　　《幼儿园建构式课程 教师用书》

序号	名　称	数量（册）
1	《幼儿园建构式课程 教师用书 小班》（上、下）	2
2	《幼儿园建构式课程 教师用书 中班》（上、下）	2
3	《幼儿园建构式课程 教师用书 大班》（上、下）	2
合计		6

（四）《幼儿园完整儿童活动课程》

该套教材由"完整儿童"课程编委会编写，华爱华、黄瑾、孔起英、钱文、徐韵、刘宝要、汪劲秋担任执行主编，2019 年 1 月出版（见图 3 – 4），目前仍在使用。

图 3 – 4　　《幼儿园完整儿童活动课程 教师用书 小班 上》

《幼儿园完整儿童活动课程》指基于儿童的发展需要与学习顺序，以适宜各类儿童的教育活动为途径，以培养全面均衡发展的完整儿童为目标的课程体系。课程的目标为培养完整的儿童，课程形式重视游戏，涵盖多元活动，力求达成科学性与开放性、系统性与生成性、时代性与传统性均相平衡。整体设计、完善准备和灵活变通是完整儿童活动课程实施过程中应遵循的主要原则。整套教材目录见表 3 – 5。

表 3 – 5　《幼儿园完整儿童活动课程 教师用书》

序号	名　称	数量（册）
1	《幼儿园完整儿童活动课程 教师用书 小班》（上、下）	2
2	《幼儿园完整儿童活动课程 教师用书 中班》（上、下）	2
3	《幼儿园完整儿童活动课程 教师用书 大班》（上、下）	2
合计		6

（五）《体验与探究幼儿学习活动资源（实验版）》

该套教材由杨莉君、郑三元、罗晓红等担任主编，陈浩军、周粮平、肖晓敏等担任副主编，2017 年 1 月出版（见图 3 – 5），目前仍在使用。整套教材包括教师用书、幼儿用书，相应的挂图、音像、幼儿操作材料，以及网络资源等在内的辅助性材料。

《体验与探究幼儿学习活动资源（实验版）》坚持推进幼儿全面发展与个性化发展相结合、体验探究与表达表现相结合、民族文化与多元文化相结合、资源开发与教师成长相结合，提供了更加丰富的教师学习资源和幼儿学习资源、结构化程度适宜的教师使用资源和幼儿使用资源，并建议在使用过程中，要结合本地本园本班实际，科学运用本套资源，充分发挥幼儿家长和社区等多方面主体的作用，要创造良好的师资、环境和设备条件，以更好地使用相关资源。教材的教师用书目录见表3 – 6。

图 3-5   《体验与探究幼儿学习活动资源（实验版）教师用 小班 上》

表 3-6   《体验与探究幼儿学习活动资源（实验版）教师用》

序号	名　　称	数量（册）
1	《体验与探究幼儿学习活动资源（实验版）教师用 小班》（上、下）	2
2	《体验与探究幼儿学习活动资源（实验版）教师用 中班》（上、下）	2
3	《体验与探究幼儿学习活动资源（实验版）教师用 大班》（上、下）	2
合计		6

（六）《幼儿园和谐发展课程》

该套教材由中国教育科学研究院学前教育研究中心编写，白爱宝为总主编，出版社在2006年版本的基础上进行第三次修订，于2017年6月出版（见图3－6），除开教师用书，还编制了配套教学挂图、教学磁带（语言、音乐、健康、社会）、幼儿用书（健康、语言、社会、科学、数学、艺术）及多种用以拓展幼儿相关经验的延伸资源。

图3－6　《幼儿园和谐发展课程 教师用书 中班 下》

该套丛书力求体现近年来儿童学习与发展的重大研究成果，反映与时代发展相符合的教育价值观，如在教育目标与学习内容的构建上，紧密围绕各领域关键经验，凸显对儿童发展的价值。在教学组织和儿童学习活动的设计上，以有效引导和促进儿童的主动学习为宗旨，力求为儿童创设适宜的支持性环境；在教学内容的选择上，注重贴近儿童的生活、联系儿童的生活经验，同时根据不同年龄段儿童学习与发展的特点及不同年龄段之间发展的层次性和递进性，为儿童的成长搭建循序渐进的发展阶梯。另外，强调儿童学习品质的培养，关注学习品质对儿童发展的长远影响以及对儿童学习的促进作用，在活动设计中渗透对儿童良好学习兴趣、学习习惯的养成教育以及自信心、独立性、坚持性、任务意识等非智力因素的培养。整套教材的教师用书目录见表3-7。

表3-7　《幼儿园和谐发展课程 教师用书》

序号	名　　称	数量（册）
1	《幼儿园和谐发展课程 教师用书 小班》（上、下）	2
2	《幼儿园和谐发展课程 教师用书 中班》（上、下）	2
3	《幼儿园和谐发展课程 教师用书 大班》（上、下）	2
4	《幼儿园和谐发展课程 教师用书 学前班》（上、下）（原版本）	2
合计		8

（七）《亿童主题学习包》

为了帮助幼儿园摆脱徒手指导幼儿活动的困境，亿童文教股份有限公司组织多位权威幼教专家，研发出了一日课程学习资源——《亿童主题学习包》，以激发幼儿的探究欲望与学习兴趣为导向，按照幼儿各年龄段的特点精心设计活动，材料内容上避免"小学化"倾向，与幼儿的生活紧密结合，强调幼儿主动操作探索，经历思维过程，体验学习乐趣。

《亿童主题学习包》覆盖了幼儿五大领域内容，并注重各领域之间的相互渗透和整合，为幼儿园一日学习活动提供了供幼儿阅读和操作的纸质材料，从不同角度促进幼儿全面协调发展。教师用书目录见表3-8。

表3-8 《亿童主题学习包 教师用书》

序号	名　　称	数量（册）
1	《亿童主题学习包 教师用书》（1~8）升级版	8
2	《亿童主题学习包 教师用书》（1~8）普及版	8
3	《亿童主题学习包 教师用书》（1~8）标准版	8
4	《亿童入学准备 教师用书》（上、下）	2
5	《亿童学习包 教师指导手册》（1~8）	8
6	《亿童幼儿英语 教师用书》（1~8）	8
7	《亿童酷酷英语 教师用书》（1~8）	8
8	《分级阅读加强版 教师用书》（1~8）	8
9	《分级阅读 教师用书》（1~8）	8
10	《创意美术 教师用书》（1~8）	8
11	《创艺美工 教师用书》（1~6）	6
12	《多元发展课程 教师用书》（1~8）	8
13	《小小毕加索 教师用书》（初中高级）	3
14	《情境创意美术 教师用书》（小、中、大班）	3
15	《托班发展课程 教师用书》（上、下）	2
16	《托班生活课程 教师用书》（上、下）	2
17	《探究操作包 教师用书》（1~8）	8
18	《探究数学 教师用书》（1~8）	8
19	《探究发展课程 教师用书》（小、中、大班）	3
20	《玩创音乐 教师用书》（1~8）	8
21	《生活探究成长主题资源包 教师用书》（1~8）	8
22	《蒙氏数学升级版 教师用书（预备级）》（1~8）	8
23	《起思逻辑包 教师用书》（1~6）	6
24	《趣蒙操作包 教师用书（预备级）》（1~8）	8

（八）《幼儿多元能力探索课程》

该套教材由许卓娅主编，2017 年 6 月出版（见图 3 - 7），除开教师用书，还编制了科学、语言、数学、艺术、社会、生活健康以及操作学具。

图 3 - 7　《幼儿多元能力探索课程 教师用书 语言 艺术 社会 6A》

基于适宜性课程与加德纳多元智能理论，课程研发的重点在于给幼儿创造多元且主动的适宜性探索机会，使幼儿能在老师的协助下，借此课程得以多元深度加工，养成多元能力。整套教材的教师用书目录见表 3 - 9。

表3-9　《幼儿多元能力探索课程 教师用书》

序号	名　　称	数量（册）
1	《幼儿多元能力探索课程 教师用书1》（A、B）	2
2	《幼儿多元能力探索课程 教师用书2》（A、B）	2
3	《幼儿多元能力探索课程 教师用书3》（A、B）	2
4	《幼儿多元能力探索课程 教师用书4》（A、B）	2
5	《幼儿多元能力探索课程 教师用书5》（A、B）	2
6	《幼儿多元能力探索课程 教师用书6》（A、B）	2
合计		12

三、幼儿教材的选择与应用

经深度访谈发现，幼儿园教学资源选择以区域教育管理部门指导使用或幼儿园自行选择为主，并呈现了一定的区域性。如上海统一使用了上海市中小学教材审查委员会审查准予试用学前教育教师参考用书，云南省大部分幼儿园选用了亿童资源包，湖南省大部分公办幼儿园选用了体验与探究幼儿学习活动资源。部分省份幼儿园结合园所办学理念与教学需求自行购买了学前儿童读本。

在教学资源应用与考核上，在所调研的幼儿园中，有59%的园所要求采用率达70%以上，并作为日常教学的实践与考核标准，开展了教研活动，但有7%园所（集中在乡镇幼儿园）未作要求，仅建议教师自主选择活动开展教学。

四、幼儿园教师对教材功能的理解

根据调研文本数据，幼儿园教师对教材的总体理解以"辅助""帮助"

"实用""规范"为核心关键词，词云见图3-8；排名前3的教材功能理解中，突出了"教案""配套""绘本故事"等关键词，词云见图3-9。

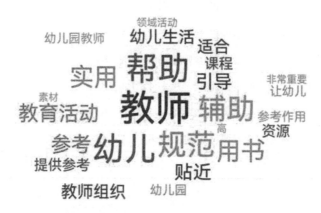

图3-8 幼儿园教师对教材功能理解的关键词

图3-9 排名前3的关键词

在调查问卷列出的"执行所在园所教学计划""辅助选择适宜的各类教学活动""随机参考教学过程实施细节""扩展学习儿童教育理念""参考园所环境创造与设计""寻找儿童教育难点方案""反思教师教育教学活动""对照观察儿童发展五大领域均衡发展""为创新各类教学活动查找资料"9项教学资源功能中，幼儿园教师理解的主要功能频次及排序见表3-10。

表 3 - 10　教师理解的主要功能频次及排序

呈现位置排序	教师理解的教材功能	频次	排序
1	执行所在园所教学计划	56	2
2	辅助选择适宜的各类教学活动	60	1
3	随机参考教学过程实施细节	36	4
4	扩展学习儿童教育理念	35	5
5	参考园所环境创造与设计	26	6
6	寻找儿童教育难点方案	24	9
7	反思教师教育教学活动	25	7
8	对照观察儿童五大领域均衡发展	43	3
9	为创新各类教学活动查找资料	25	7

五、存在的问题与改进的空间

整体而言，我国幼儿园教材的内容面向学前儿童发展的五大领域，是基于保教活动与游戏指导的多形态的教学资源集合体，幼儿园及教师将教师指导用书作为教材使用的功能统筹。但是，根据样本教材文本分析、幼儿园教师对教材的理解的调查结果发现，我国幼儿园教材的建设与运用存在较大的提升空间。

首先是教材的内容选编。在所调研的教材版本中，内容均以主题游戏集群作为教材的主体，且注重操作性框架以及游戏的多样化，但对学前教育领域学理性的内容关注不够，对教学的规范与指导还处于比较粗浅的层次，部分版本提供一定的案例分析与指导，但也均以结论性描述为主，而缺乏过程性的指导与示范，导致教材对具体教学情境的指导功能有限。

其次是教材本土化文化承载与运用的方式以呈现少量主题活动为主，而不是以中国式文化与生活样态为教材文本底色，且在配套教学资源与器具等方面未能丰富而充分地展现具有中国化的元素或标识，各样态的教材的政治性、民族性、文化性应予以提升。

最后是从教材的站位来看，由于幼儿园教材编写的体例不完整，因此不能作为幼儿园课程与教学评价的标准之一，教材的本体价值不全，且在一定程度上制约了偏远地区或贫困区域的幼儿园教师对学前教育的具体理解与教育实践。如何进一步优化我国幼儿园教材的编写与应用，应基于我国幼儿园教材的本体特征，从教师理解的视角出发，提升幼儿园教材的本体教育价值。

应该说明，理想的教材应具有工具性、系统性、科学性、教育性、教学性以及规范性、艺术性、发展性和民族性等特征，作为一种综合社会实践的产物，它是为一定的教学目标服务的，是一定教学目标下知识结构的具体化，是以整体的科学知识系统的形式而存在，是作为教学资源尤其是学习资源而存在。与其他学段的教材属性不同，幼儿园教材的学习者是幼儿园教师，其显现的基本功能是教学功能，而所选择的知识范畴和表达逻辑是作为隐性的教育方向。

◎ 第四章　中华优秀传统文化进幼儿教师用书的文本分析[①]

本章对幼儿园教师用书开展文本分析，以 2021 年教育部 1 号文件《中华优秀传统文化进中小学课程教材指南》界定的三大主题"核心思想理念""中华人文精神""中华传统美德"为主要参照指标。经初步整理，部分教材的主要内容较为类似，因此选择了四种版本进行梳理。

在《中华优秀传统文化进中小学课程教材指南》中，中华优秀传统文化的内涵包括：

（1）核心思想理念。中华民族和中国人民在修齐治平、尊时守位、知常达变、开物成务、建功立业过程中培育和形成的基本思想理念，如革故鼎新、与时俱进的思想，脚踏实地、实事求是的思想，惠民利民、安民富民的思想，道法自然、天人合一的思想等。即大力弘扬讲仁爱、重民本、守诚信、崇正义、尚和合、求大同等核心思想理念。

（2）中华人文精神。中华优秀传统文化积淀着多样、珍贵的精神财富，如求同存异、和而不同的处世方法，文以载道、以文化人的教化思想，形神兼备、情景交融的美学追求，俭约自守、中和泰和的生活理念等。即弘扬有利于促进社会和谐、

---

① 本章文本分析由长沙师范学院学前教育学院 2018 级学生胡璇、邓珺、李沁茹于 2022 年 6 月完成初稿。

鼓励人们向上向善的思想文化内容。

（3）中华传统美德。中华优秀传统文化蕴含着丰富的道德理念和规范，如天下兴亡、匹夫有责的担当意识，敬业乐群、扶危济困、见义勇为、孝老爱亲等中华传统美德。

中华优秀传统文化的载体有：

（1）经典篇目。主要指以文献方式存在的传世作品。如文学、历史的名著名篇，科学典籍，作为欣赏对象的经典艺术作品等。

（2）人文典故。主要指经过历史检验、被人们公认、有特定内涵的人、事、言，如历史人物和故事，神话、传说，寓言、名言名句等。

（3）基本常识。主要指在传统社会形成的且构成中华民族文化基因的基本知识，如时令节气、称谓礼仪、传统节日、风俗习惯等。

（4）科技成就。主要指古代人民在科学探索、技术发明方面的突出贡献，如四大发明、都江堰工程、传统医药等。当代取得的科技成就也列入其中。

（5）艺术与特色技能。主要指民族性、地域性特征非常鲜明的技能、技巧与艺术。包括以满足精神生活需要为主的技能、技艺，如书法、音乐、舞蹈、戏曲等；以手工劳动为主的技能、技巧，如烹饪、刺绣、剪纸、雕刻等；以身体运动能力为主的技能、技巧，如传统体育、武术、杂技、游艺等。

（6）其他文化遗产。主要指前述五种形式以外的传统文化遗存，如古文化遗址、古墓葬、古建筑、石窟寺、石刻、壁画等不可移动文物和艺术品、文献、手稿、服饰等可移动文物。

为了解主流幼儿园教材文本涉及本土文化的情况，对革命文化、本土地域资源等内容也作了摘录分析。

一、上海市《学前教育教师参考用书（试用本）》教材文本分析①

（一）《学前教育教师参考用书（试用本）学习活动 3～4 岁》

表 4－1　载体分析与文本摘录

序号	活动名称	载体	活动形式	代表文本	文本分析	页码
1	吃火锅	艺术与特色技能	故事《吃火锅》	你吃过的火锅是什么样的	了解和体验中国传统美食——火锅	84
2	做元宵	艺术与特色技能	做汤圆	团呀团，搓呀搓，汤圆变得圆又圆	体验做元宵，感受欢庆节日的快乐	97
3	敲锣打鼓放鞭炮	基本常识	音乐《锣和鼓》	咚咚咚，锵锵锵……	用动作表现敲锣打鼓放鞭炮的情景，感受春节热闹的节日氛围	98
4	新年树	艺术与技能特色	剪纸	这些新年树是用什么做成的	共同装扮新年树，感受节日的快乐	99

（二）《学前教育教师参考用书（试用本）学习活动 5～6 岁》

表 4－2　载体分析与文本摘录

序号	活动名称	载体	活动形式	代表文本	文本分析	页码
1	我爱天安门	基本常识	歌曲《我爱天安门》	歌词内容	通过学习歌曲，萌发热爱祖国的情感	7
2	五星红旗升起来	基本常识	活动设计、图片	体会国旗代表国家的含义……一颗大星代表中国共产党，四颗小星星代表全族人民，四颗小星星围绕在大星周围，象征全国人民团结在党的周围和对党的拥护	以国旗为标识，帮助幼儿初步建立对中国共产党崇敬之情，培养国家认同感	8

---

① 该套书中《学前教育教师参考用书（试用本）学习活动（4～5 岁）》《学前教育教师参考用书（试用本）婴幼儿教养活动 2～3 岁》未纳入分析范畴。

（续表）

序号	活动名称	载体	活动形式	代表文本	文本分析	页码
3	月亮船	基本常识	故事《月亮船》	蒲公英说："我的家在世界的东方，那儿有世界上最大的海洋，有世界上最高的山，那儿有最大的广场，那儿有最长的城墙……""再见，孩子，记住你的家叫中国。"	通过故事，幼儿加深自己的家乡在中国，自己是中国人的情感，同时也能萌发幼儿对祖国强烈的自豪感	10
4	各族人民心连心	基本常识	活动设计	欣赏 4 个少数民族的经典表演，分辨他们的服饰并简单学习装扮	了解国庆节是一个全民族都在庆祝的节日，体现了我们 56 个民族是一个大家庭，通过欣赏他们的本土表演和服饰，也能激起幼儿对少数民族的喜爱和兴趣	18
5	国庆前夕	基本常识	活动设计	让幼儿了解国庆的意义，了解最近国家的时事	了解国庆就是祖国的生日，愿意共同庆祝祖国生日快乐	19
6	国庆真热闹	基本常识	活动设计	师幼小结：国庆是全国人民的生日，是我国最重要的日子之一	进一步了解国庆，庆祝祖国生日快乐，同时感受到各国人民都有在为中国庆祝	19
7	大中国	艺术与特色技能	歌曲《大中国》	我们都有一个家名字叫中国，兄弟姐妹也很多	体会我们全中国人都是一个大家庭，我们一共有 56 个民族，都是我们的好兄弟、好姐妹	20

序号	活动名称	载体	活动形式	代表文本	文本分析	页码
8	参观中国展览馆	本土地域及资源	活动设计	看看说说我们的中国，围绕首都北京，长江和黄河等，交流各自对这些地方的认识。	了解到我国各地的经典风貌，了解到我国是一个地大物博的国家，萌发幼儿对国家的自豪感	27
9	跟我去旅行	本土地域及资源	活动设计	尝试识别地图上自己认识的城市或地名	了解到我国各地区的不同，进一步萌发爱国主义情怀	28
10	金山农民画	艺术与特色技能	活动设计	了解金山农民画的由来，欣赏金山农民画等	幼儿了解本土（上海）的特色特点，感受自己家乡的独特美，同时感受中华文化的博大精深，激发幼儿对祖国，对家乡的自豪感	37
11	老鼠娶新娘	艺术与特色技能	民间童谣《老鼠娶新娘》	在游戏中体验民间娶亲的习俗	了解中华传统民间童谣，可促进幼儿对中华传统故事的兴趣与了解，并知晓一些经典习俗等	38
12	泥娃娃拜年	艺术与特色技能	惠山泥人的自我介绍	黑眼睛，黑头发；你穿对襟袄，我系葡萄扣；你梳桃子头，我扎小髻髻。我们是一群中国娃，我们住在无锡惠山的山脚下	了解中国传统手工艺，萌发幼儿对传统手工艺的喜爱与兴趣，加深了幼儿对自身是中国娃的情感	40

（续表）

序号	活动名称	载体	活动形式	代表文本	文本分析	页码
13	十二生肖	艺术与特色技能	活动设计	十二生肖的故事，我的家人属什么生肖	了解十二生肖，感受中华文化的博大精深	41
14	印章	艺术与特色技能	活动设计	活动目标：知道印章是我国特有的物品	了解中国特有物品，感受中华文化的博大精深	42
15	京剧脸谱	艺术与特色技能	京剧脸谱挂图、自制脸谱	辨认不同的脸谱，说说自己最熟悉的京剧人物或京剧故事名称，知道京剧是中国特有的	了解中华传统表演，萌发幼儿对中华文化的自豪感	49
16	航天科学家有功劳	科技成就	活动准备，活动设计	听教师介绍航天科学家在航天发射中心攻克一个个科学难关，对中国航天事业所做的贡献的事例	学习科学家不畏艰苦，用力奋斗的精神，同时感受到祖国现如今的强大，萌发幼儿为祖国做贡献的想法	51
17	中国功夫	艺术与特色技能	录像《五步拳》、音乐《中国功夫》	为什么大家喜欢中国功夫，武术有什么用……	从武术操中学习坚韧不拔的精神，培养幼儿肯吃苦敢吃苦的心性	52
18	古代故事	人文典故	故事《司马光砸缸》《曹冲称象》	故事内容	了解中华传统故事，增进幼儿对中华传统文化的自豪感，并从中培养见义勇为，冷静沉着思考的优秀品质	70

序号	活动名称	载体	活动形式	代表文本	文本分析	页码
19	我是哥哥姐姐	基本常识	活动设计	哥哥姐姐和弟弟妹妹有什么区别？什么样的小朋友才像哥哥姐姐？我们可以为弟弟妹妹做些什么事情呢？	感受到自己是哥哥姐姐，应该学会帮助弱小，关心弟弟妹妹，保护弟弟妹妹	114
20	战胜沙尘暴	本土地域资源	活动设计	沙尘暴来了，它拼命地吹、拼命地刮。大树小树手拉手，就像一堵墙。沙尘暴没有力气再吹，只能垂头丧气地溜走了	感受植树能够战胜沙尘暴，萌发幼儿热爱自然，保护自然的情感	125
21	中草药	人文典故	故事《谁先发现了中草药》	后来，明朝有个有名的大夫李时珍还写了一本有关中草药的书叫《本草纲目》	了解中国特色中药，了解中药的用处也非常大，并且在国外也非常有用，增强幼儿对祖国文化的自豪和荣誉感	144
22	保健茶	艺术与特色技能	活动设计	出示茶具……交流各种（茶）材料上的不同功效……	让幼儿初步了解茶文化，感受茶文化的魅力，增强对民族的自豪感；同时学会为家人泡茶，可增进亲子之间关系	146

（续表）

序号	活动名称	载体	活动形式	代表文本	文本分析	页码
23	奥运雕塑	基本常识	活动设计	观察讨论 2008 年北京奥运会的各种体育运动项目，谈谈在奥运会上勇夺金牌的运动员	通过我国举办奥运会，以及众多中国选手都夺得冠军，可激励幼儿勇敢奋斗，愿意为国家争光，对祖国产生自豪感	180
24	会吐丝的蚕	艺术与特色技能	动画片《丝绸》	丝绸是我们中国人最早发明的，古代的中国人真聪明。	体会中华传统文化的博大精深，萌发幼儿对本国文化的自豪感	286

（三）《学前教育教师参考用书（试用本）游戏活动 3~6 岁》

表 4-3　载体分析与文本摘录①

序号	活动名称	载体	活动形式	代表文本	文本分析	页码
1	领导人在谈论什么呢？	革命历史	游戏	教师追问，幼儿告诉教师他们是中央领导，此刻正在天安门前开"中央委员会议"	顺应幼儿平常的日常生活经验，感受国家最近发生的事情，学会了解祖国	65
2	有趣的"沙"坦克	革命历史	游戏	水倒完了，周周帮陶陶往盆里加水……	团结合作，相互配合	69
3	今年是猪年	基本常识	—	居然发现班中有三个小朋友能把"十二生肖"背得滚瓜烂熟……排练十二生肖的节目	引导幼儿了解十二生肖	164

---

① 本书理论知识与研讨成果较多，仅有少数的教师记录幼儿游戏的信息。教师重视幼儿的自主性，不过多干扰，所以此本教材融入中华传统文化、革命文化的内容较少。

序号	活动名称	载体	活动形式	代表文本	文本分析	页码
4	我从哪里来	基本常识	—	游戏结束，幼儿提出了许多关于生宝宝的问题……有的幼儿将爸爸妈妈的记录带来……	通过活动能感受母亲当时的想法，学会爱惜自己，爱护家人	169
5	中国博物馆	艺术与特色技能	游戏	创造一个中国博物馆	通过活动中各种中国特色工艺品，幼儿能直接感受到祖国富饶的文化，激起幼儿的爱国情感	184
6	童涵春中药店	科技成就	游戏	师幼共同创造了"童涵春"中药店……还共同收集、准备了各种中药	通过中药店的游戏，让幼儿了解中医中药这一祖国文化	185
7	国歌嘹亮	基本常识	歌曲《义勇军进行曲》	教师让孩子们关注并收集各种赛事的新闻，每天孩子们议论金牌运动员，运动项目比赛，领奖升旗仪式，并鼓励孩子在游戏中表现	不仅了解了奥运赛事，也知晓了一些令我们自豪的中国运动员，以及学会了唱响国歌，进一步激发了幼儿身为中国人的自豪感	186
8	学做小警察	基本常识	—	（洲洲）已经连续好几天站在马路上认真当交警了	幼儿能从活动中渐渐发展对这份职业的尊敬和向往，更能让幼儿尊敬警察	187

（续表）

序号	活动名称	载体	活动形式	代表文本	文本分析	页码
9	我是小小兵	基本常识	—	孩子们个个雄赳赳气昂昂，他们始终牢记解放军叔叔的教诲：流血流汗不流泪，掉皮掉肉不掉队	幼儿从活动中更直观地看到了军队严肃的纪律，军人坚毅的精神，这对从小培养幼儿自强不息，艰苦奋斗精神有非常好的教育作用	188

（四）《学前教育教师参考用书（试用本）运动 3~6 岁》

表 4-4　载体分析与文本摘录

序号	活动名称	载体	活动形式	代表文本	文本分析	页码
1	抗洪救灾	本土地域资源	游戏	孩子们利用大型组合式运动器具、积木、可乐瓶和大小沙袋玩抗洪救灾的游戏	通过幼儿感兴趣的游戏形式，幼儿能从实践中感受到志愿者的辛苦，初步培养幼儿扶危济困的优秀品质	10
2	赛龙舟	人文典故	游戏	要想龙舟划得快，大家必须一起动脑筋，用力向前划	通过传统民间游戏赛龙舟，幼儿感受同伴合作的重要性，愿意共同克服困难，并主动思考问题，解决问题	56
3	学做小小兵	人文典故	观摩活动	观看武警叔叔擦枪，听武警叔叔讲他们保卫祖国、保卫人民安全的英勇事迹	萌发幼儿保卫祖国的情感，同时培养他们对警察这份职业的敬佩与赞赏，学习警察叔叔的不怕吃苦敢奋斗的优良品质	221

序号	活动名称	载体	活动形式	代表文本	文本分析	页码
4	去乡村	基本常识	户外活动	边走边观察，听农民介绍田里种植的庄稼，体验给家畜家禽喂饲料的乐趣	让幼儿亲身体验农村生活，感受农民的辛苦，体会农村生活的美好，感受大自然对我们的馈赠，愿意爱护大自然	222

（五）《学前教育教师参考用书（试用本）生活活动3～6岁》

表4-5　载体分析与文本摘录①

序号	活动名称	载体	活动形式	代表文本	文本分析	页码
1	只吃一勺饭	基本常识	生活常规	老师立刻夸奖了她这么快就吃完一碗饭	教师合理运用鼓励和家园共育的手法促进幼儿获得健康的身体	38
2	盘子里的豆奶没有了	基本常识	生活常规	这么好的豆奶浪费了多可惜啊，有什么办法不让豆奶滴在盘子里呢	培养幼儿节约食物，不要浪费的好习惯	39
3	幼儿用左手持筷行吗？	基本常识	生活常规	于是，王老师顺其自然，不再要求源源用右手持筷了	求同存异，尊重个体差异	40
4	这件事情该谁做？	基本常识	生活常规	不是我弄倒的。文文嘀咕了一句走开了	让幼儿明白自己也是社会、集体中的一员，培养幼儿集体团结意识	52

---

① 本书中除案例分析外，绝大部分都有贯彻中华优秀传统文化，如尊重孩子的主观思考、鼓励孩子的进步、与其他同伴相处时的正确做法、相互帮助、团结合作等，但不便统计，故不在表格中出示。但其中的各种歌谣、图示等都是很好的传播中华优秀传统文化的做法和道具。

(续表)

序号	活动名称	载体	活动形式	代表文本	文本分析	页码
5	有魔力的话	基本常识	教学活动	老师教你几句神奇的话（礼貌用语），他们一定会和你玩的	教育幼儿懂得在与别人交往时应礼貌友善地对待他人	63
6	下次真的不哭了	基本常识	教学活动	毛毛还是害怕验血，他验血时"喔唷、喔唷"叫了几声，但这次他真的不哭了	培养幼儿自强不息，守承诺的品质，教师灵活运用鼓励的方法培养幼儿勇敢克服困难的坚韧品质	123
7	爱哭的露露	基本常识	教学活动	"哭不是缺点，它能帮助我们消除悲伤与烦恼，但是总用哭不能解决问题呀。"	教育幼儿正确解决问题的办法，培养幼儿勇敢独立的品质	176
8	采访老师	基本常识	教学活动	可以改成"你多大？"或"你几岁了？"	运用礼貌得体的语句，规范幼儿社会行为	190
9	有人在捣乱	基本常识	教学活动	教师提出"游戏时有人无缘无故地捣乱，该怎么办"的问题，让大家讨论	尊重孩子的自主性，给予孩子更多思考和探索的空间。有助于孩子的独立思考	205

经整理，上海市《学前教育教师参考用书（试用本）》书中涉及的人物相关关键词有：56个民族、司马光、曹冲、哥哥、姐姐、弟弟、妹妹、工人、李时珍、中央领导、售票员、金牌运动员、运动员、交通警察、解放军叔叔、武警叔叔、农民、志愿者；提及的地区与场域有：天安门、长城、家乡、长江、黄河、无锡惠山、沙尘暴、园林、博物馆、医院、灾区、农村、中药店、医院、幼儿园、办公楼、灾区等；涉及的本土艺术主要有国歌及其他儿歌；涉及的节日主要有元宵节、春节、新年、国庆节、端午节等；提及

的习俗及活动有：剪纸、吃汤圆、嫁娶、吃火锅、拜年、京剧表演、五步拳、功夫、武术操、中草药、泡茶、古代发明、唱国歌、抗洪救灾、划龙舟、种植庄稼、喂饲料、豆奶、栽种、问候、中央委员会议、抗洪救灾、保卫祖国、买票；涉及的艺术及物件有：锣、鼓、国旗、中国地图、金同农民画、泥娃娃、对襟袄、葡萄扣、桃子头、十二生肖、印章、脸谱、《本草纲目》、茶具、丝绸、沙袋、盘子、庄稼等。

二、《幼儿园渗透式领域课程》教材文本分析①

(一)《幼儿园渗透式领域课程 科学·艺术 教师用书 小班 上》

表4-6 载体分析与文本摘录

序号	活动名称	载体	活动形式	代表文本	文本分析	页码
1	小帮手	基本常识	教师用语	谁来帮帮他？娃娃家的小主人说要谢谢你们呢	引导幼儿愿意当小帮手，体验帮助别人的快乐	22
2	过节了	基本常识	环境创设	教室中布置各种具有节日氛围的装饰物	让幼儿了解传统节日——春节，感受节日的氛围与快乐	38
3	给娃娃送糖果	基本常识	—	贝贝要用好吃的糖果招待娃娃们	引导幼儿学会怎样礼貌招待客人	43
4	宝贝罐	基本常识	环境创设	班级创设过新年的环境	让幼儿感受过新年的氛围与快乐	45
5	小树叶找妈妈	基本常识	游戏"小树叶找妈妈"，歌曲《小树叶》	"小树叶很想她的树妈妈，我们把它捡起来送给她的大树妈妈吧！"	感知了解了秋天的变化，歌曲帮助幼儿感受树叶和大树妈妈之间的亲情关系	67

① 本套书中《幼儿园渗透课程领域 健康·语言·社会 小班 上》《幼儿园渗透课程领域 健康·语言·社会 大班 上》未纳入分析范畴。

（续表）

序号	活动名称	载体	活动形式	代表文本	文本分析	页码
6	香香的粥	艺术与特色技能	歌曲《喝粥》	香香的粥，香香的粥，我们大家一起来喝粥……	认识并了解传统食物	108
7	拉拉手	基本常识	—	教师带领幼儿与旁边的同伴拉手	引导幼儿与同伴友好相处，相互合作	124
8	这是小兵	基本常识	—	在社会活动中，引导幼儿认识解放军或武警	让幼儿了解解放军的生活，从而对解放军产生敬佩之情	127
9	大树妈妈	基本常识	—	教师启发小鸟做出爱大树妈妈的动作，如搂妈妈、抱妈妈、亲妈妈	幼儿表演时乐意接纳同伴，表现出相亲相爱的情感	144
10	找朋友	基本常识	邀请舞《找朋友》	在教师的带领下学跳邀请舞，明确被请到的幼儿要站起来跳舞	鼓励幼儿愉快地接纳每位同伴的邀请，礼貌待人	152
11	新年好	基本常识	歌曲《新年好》	要过新年了，你们知道大家是怎么庆祝新年的吗？与好朋友相互说一句祝贺新年的话吧	幼儿享受与同伴相互祝贺的过程，并充分感受过新年的气氛	158
12	敲锣打鼓放鞭炮	基本常识	乐曲《敲锣打鼓放鞭炮》	幼儿能有节奏地模仿敲锣、打鼓、放鞭炮的动作	感受节日的热闹与快乐，激发幼儿对传统节日的喜爱之情	160

（二）《幼儿园渗透式领域课程 科学·艺术 教师用书 小班下》

表 4 - 7 载体分析与文本摘录

序号	活动名称	载体	活动形式	代表文本	文本分析	页码
1	彩灯多多	基本常识	备选活动，装饰、悬挂彩灯	活动场地周边，根据节日需要悬挂或装饰彩灯	增强幼儿对节日的兴趣，感受节日的快乐	12
2	招待客人	基本常识	备选活动，做客游戏	初步感受做客游戏的快乐，学习招待小客人	让幼儿懂得招待客人应该要礼貌热情	29
3	节日快乐	基本常识	备选活动，活动过程	初步体验与他人分享节日礼物的快乐	让幼儿懂得节日的快乐和与他人分享的快乐	44
4	朋友多又多	基本常识	集体活动，故事《好朋友》	积极地参加活动，体验找朋友的乐趣	教会幼儿友善待人、和谐相处的道理	46
5	种植萝卜	艺术与特色技能	亲子活动，活动设计	在成人的协助下，迁移种植大蒜的经验，了解种植萝卜的方法	让幼儿了解以劳动为主的技能技巧，体验传统种植带来的成就感	66
6	找春天	基本常识	日常活动，儿歌《春风》	能感受和发现春天的天气及花草树木的变化	可以让幼儿主动地去关注传统的时令和节气，对其产生兴趣	67
7	幼儿园里的花	基本常识	集体活动，操作材料《春天里的花》	学习关心、照料自然角与幼儿园花坛里的花	让幼儿主动地爱护大自然，亲近大自然	69

（续表）

序号	活动名称	载体	活动形式	代表文本	文本分析	页码
8	我的家	基本常识	集体活动，歌曲《袋鼠》	学习两两合作演唱歌曲，体验共同游戏的快乐	活动中相亲相爱的动作，让幼儿体会到同伴之间配合、共同游戏的快乐	149
9	妈妈，我要亲亲你	基本常识	集体活动，歌曲《妈妈，我要亲亲你》	在"亲亲""摸摸"老师和同伴中体验互动的快乐	使幼儿体验到与教师和同伴和谐相处、共同游戏的快乐	151
10	红绸舞	艺术与特色技能	区域活动，乐曲《拍大麦》	自由探索创编上下、前后等不同方位的挥舞绸带、手绢或纱巾的动作	使幼儿了解到传统以满足精神生活需要为主的技能	185
11	花灯	基本常识	日常活动，花灯展	通过收集和观察花灯，初步了解中国民间闹花灯的传统习俗	可以让幼儿了解元宵节闹花灯的习俗，体验节日的快乐，感受节日的喜庆	193
12	图形灯笼	艺术与特色技能	区域活动，制作灯笼	制作完灯笼以后，找同伴提着灯进行游园会	学习制作灯笼的方法，感受传统工艺的魅力	193
13	全家福	基本常识	集体活动，操作材料《我们是一家人》	通过分享体验血脉相连的亲情，感受一家亲的情感	让幼儿感受到基因的强大，以及一家人相亲相爱的幸福	210

序号	活动名称	载体	活动形式	代表文本	文本分析	页码
14	厨房里的点心	基本常识	集体活动，活动设计	尝试用团、搓、压、卷等方法制作各种点心（麻团、饼干、蛋卷），并分享给客人（小动物）吃	幼儿愿意自己动手制作点心，并分享给他人吃，学会了礼貌待人，体会到了自己劳动的成就感	212
15	送给妈妈的礼物：漂亮的小包	基本常识	集体活动，制作小包	体验手工活动的乐趣，感受给妈妈做礼物的快乐及成就感	自己动手制作礼物送给妈妈，培养幼儿孝顺、懂得感恩的品质	216
16	扇子	艺术与特色技能	备选活动，制作扇子	欣赏扇子展，感受扇面的美	欣赏和感受中国传统物品"扇子"的魅力，增强对传统工艺和物品的敬佩和喜爱之情	222

（三）《幼儿园渗透式领域课程 科学·艺术 教师用书 中班 上》

表4-8　载体分析与文本摘录

序号	活动名称	载体	活动形式	代表文本	文本分析	页码
1	顽皮的小猴	基本常识	歌曲《顽皮的小猴》	"小小猴，真呀真顽皮，吃完西瓜乱扔皮，扔呀乱扔皮，滑倒熊大伯滑倒鹿阿姨……"	让幼儿在歌唱过程中感受小猴害人终究害己的不当行为	113
2	懒惰虫	基本常识	歌曲《懒惰虫》	你是懒惰虫，你是懒惰虫……	让幼儿初步养成勤劳不依赖他人的生活态度	124

（续表）

序号	活动名称	载体	活动形式	代表文本	文本分析	页码
3	月亮婆婆喜欢我	基本常识	歌曲《月亮婆婆喜欢我》	"月亮婆婆喜欢我，撒下月光把我摸……"	让幼儿体验被他人关爱的幸福，知道感恩别人	162
4	美丽的窗花	艺术与特色技能	—	幼儿用蜡光纸剪窗花，装饰教室……	让幼儿初步了解中国特有的剪纸艺术，体验剪窗花的乐趣	231

（四）《幼儿园渗透式领域课程 科学·艺术 教师用书 中班 下》

表4-9　载体分析与文本摘录

序号	活动名称	载体	活动形式	代表文本	文本分析	页码
1	哪个月过生日的朋友多	基本常识	备选活动，活动设计	乐意与同伴共同准备庆祝生日的活动	活动自然地渗透着同伴之间互相关心的情感教育	65
2	我从哪里来	基本常识	集体活动，故事《老师变胖了》	知道是妈妈的子宫孕育了自己，了解妈妈的辛苦，加深对妈妈的爱	幼儿感受到家人养育自己的辛劳，知道要听父母的话，懂得尊重长辈，心怀感恩	88
3	收获蚕豆	基本常识	日常活动，活动设计	积极参与田间种植，感受劳动收获带来的乐趣	让幼儿通过自己动手，享受收获劳动成果带来的喜悦之情	93
4	石磨	其他文化遗产	区域活动：磨豆浆	萌发爱劳动的情感，体验与同伴合作推石磨磨豆浆带来的快乐	幼儿了解中国传统工具，品尝自己磨出来的豆浆，感受到享受自己的劳动成果的喜悦	93
5	竹子与竹制品	艺术与特色技能	备选活动，活动设计	感知竹子的外形特征及其生长环境，了解竹子的用处与人们生活的关系	幼儿知道中国传统植物"竹子"的用处，并了解各种竹制品的传统工艺	94

序号	活动名称	载体	活动形式	代表文本	文本分析	页码
6	做小书	艺术与特色技能	备选活动，制作小书	能运用粘贴、打孔、穿线等技能大胆尝试做小书	幼儿运用传统工艺制作小书，乐于动手动脑，感受劳动的乐趣	104
7	请你看看我是谁	基本常识	区域活动，互相打招呼	Hello，朋友，你好你好	幼儿乐于主动与他人打招呼，礼貌待人	178
8	天宫音乐会	艺术与特色技能	集体活动	用竹板表现音乐，游戏规则为：二郎神追，悟空跑	幼儿从中了解四大名著之一《西游记》，同时学习竹板和腕铃等传统表达音乐的工具	185
9	勤快人和懒惰人	基本常识	备选活动，点兵点将游戏	感受勤快人和懒惰人不同的工作态度，感受做勤快人的积极情感	勤劳是中国的传统美德，幼儿可从中感受到勤劳的意义，激发向勤快人学习的情绪	192
10	大馒头	艺术与特色技能	备选活动，歌曲《大馒头》	教师活动中提问：馒头是用什么做成的	让幼儿了解中国传统食物"馒头"，了解其制作过程，养成爱惜粮食、不挑食的好习惯	197
11	悄悄话	基本常识	集体活动，歌曲《悄悄话》	学会倾听他人说话，知道尊重别人，不打扰别人	尊重他人，不影响他人均是中华的传统美德，也是幼儿需要养成的良好品质	208
12	我的好妈妈	基本常识	集体活动，绘画	用艺术形式大胆表现对妈妈的爱，愿意主动向妈妈表达自己的情感	通过绘画，幼儿更加了解自己的妈妈，体会亲子之间浓浓的爱意	229

（续表）

序号	活动名称	载体	活动形式	代表文本	文本分析	页码
13	帅气的爸爸	基本常识	亲子活动，绘画	介绍自己的爸爸并说一说喜欢爸爸的理由	通过绘画，让幼儿更加了解自己的爸爸，体会亲子之间浓浓的爱意	230

（五）《幼儿园渗透式领域课程 科学·艺术 教师用书 大班 上》

表 4-10　载体分析与文本摘录

序号	活动名称	载体	活动形式	代表文本	文本分析	页码
1	分苹果	基本常识	—	谁来把这 5 个苹果分给哥哥姐姐	幼儿主动学会分享，乐于奉献	37
2	对称的脸谱	艺术与特色技能	脸谱图	出示脸谱图，根据左边的脸谱图案，涂画另一半	认识中国传统文化遗存的艺术品，感受其对称美	47
3	分水果	基本常识	活动规则与玩法	将水果分给爷爷奶奶、爸爸妈妈	尊重孝敬长辈，遵守公序良俗	55
4	爱心月历	基本常识	年历、月历、节日、元旦	在年历、月历中查找日期（生日及节日）	学会看年历、认识传统节日在年历中的时间及位置	77
5	新年礼盒有几盒	基本常识	新年老人送礼盒	新年快要到啦	认识中国传统节日，激发对传统节日的喜爱和期待之情	86
6	礼物送哪里	中华传统美德	—	请你根据包裹上面的地址帮助邮递员把礼物送到小动物的家中	感受亲自劳动和帮助他人后带来的喜悦	96

序号	活动名称	载体	活动形式	代表文本	文本分析	页码
7	我是哥哥姐姐啦	基本常识	活动目标	初步感受血缘和遗传的神奇，进一步体验亲子之间相似的特征	感受家庭的幸福，增强热爱家庭的意识	99
8	莲和藕	本土地域资源	视频、挂图《莲和藕》	感知荷花、莲藕、莲蓬、莲子的特征	认识具有中国风情的植物，了解其特征和作用，激发对自然的热爱之情	109
9	日晷	其他文化遗产	幼儿操作材料《自制日晷》	随着光的变化，日晷指针影子的位置也随之变化	认识中国传统文化遗产，体会古人的智慧，激发敬佩以及爱国之情	120
10	做陀螺	艺术与特色技能	幼儿操作材料《做陀螺》	幼儿自由设计制作陀螺	体会中华传统的玩具带来的乐趣，了解其制作方法，自己动手操作	151
11	拉拉钩	基本常识	音乐《拉拉钩》	你伸小指头，我伸小指头，拉拉钩，我们又做好朋友呀	学会与同班朋友发生矛盾时，积极解决矛盾，小朋友要相互关心，相互理解	163
12	礼貌歌	基本常识	歌曲《礼貌歌》	对不起，对不起，向你敬个礼，请你不要对我那么的生气……	小朋友之间相互宽容，相互理解，平时常用礼貌用语	168
13	爵士进行曲	基本常识	乐曲《爵士进行曲》	模仿国庆节阅兵仪式的解放军动作。相关物件以及图片上呈现了碰铃、圆舞板、铃鼓、彩色礼炮、红旗、陆军、海军、空军形象	了解我国的特定节日及重大仪式，萌生骄傲自豪的感觉，激发幼儿的爱国之情	180

（续表）

序号	活动名称	载体	活动形式	代表文本	文本分析	页码
14	国旗多美丽	基本常识	歌曲《国旗多美丽》	"国旗国旗多美丽，天天升在朝霞里……"	感受歌曲庄严、自豪的情绪，萌生强烈的爱国之情	188
15	北京的金山上	艺术与技能特色	音乐《北京的金山上》	回忆藏族人的服饰特点，创编甩袖动作	了解各民族的服饰特点和风俗习惯，感受各民族不同的文化习俗美	190
16	快乐的火把节	艺术与技能特色	集体舞《快乐的火把节》	"彝族的火把节到了，小朋友们来到广场上玩起了捉迷藏的游戏……"	了解有关彝族火把节的传统和风俗习惯，感受彝族摆手舞的舞蹈风格	193
17	中国我爱你	艺术与技能特色	歌曲《中国，中国，我爱你》	"我把你写在心窝里，我轻轻地呼唤着你的名字，中国啊中国我爱你。"	运用动作、眼神、表情等演绎歌曲，表达对祖国的热爱之情	196
18	大中国	艺术与特色技能	乐曲《大中国》	我们学习了《大中国》的舞蹈，下面我们一起来跳一跳吧！	通过舞蹈动作来表达自己对中国的热爱之情	198
19	长大要当解放军	革命历史	歌曲《长大要当解放军》	"我穿上一件小军装，我背上一支小木枪……"	通过歌词激发幼儿争当解放军的愿望，进一步激发其爱国之情	208
20	苹果送给老师尝	艺术与技能特色	朝鲜地方特色舞蹈视频、乐曲	双手高举头顶翻手腕花……	了解朝鲜族的特色文化及习俗，感受多民族的魅力	254

序号	活动名称	载体	活动形式	代表文本	文本分析	页码
21	拨浪鼓	其他文化遗产	拨浪鼓	欣赏老师的拨浪鼓，感受外形和画面带来的喜庆	感受拨浪鼓带来的喜庆、欢乐、祥和的气氛，了解其所蕴含民俗文化	268
22	带着弟弟妹妹一起玩	基本常识	操作材料《带着弟弟妹妹一起玩》、绘画	带弟弟妹妹一起进行游戏等	尊老爱幼，耐心地带弟弟妹妹玩，感受当哥哥姐姐的自豪感	272
23	我们一起做月饼	艺术与技能特色	超轻黏土、手工	看看我们做的月饼怎么样？哪位糕点师傅来介绍一下你的作品	了解月饼的外形和装饰特点，以及节日文化，感受中华传统美食的魅力	275
24	城门城墙	其他文化遗产	摄影作品、绘画、区域活动	激发幼儿大胆创作的欲望	了解中国特色的"城门城墙"的特点和功能，感受中国文化遗产的魅力	277
25	京剧脸谱	艺术与特色技能	京剧表演片段、面具	了解脸谱的基本特征，初步体验京剧脸谱中各种色彩赋予的象征意义	感受祖国文化的渊源，培养了幼儿的民族自豪感	279、281
26	唐装	其他文化遗产	唐装、参观博物馆、欣赏活动	初步感知唐装的象征意义，了解由来	丰富幼儿民族文化知识，感受传统服饰的美	283、284
27	青花瓷瓶	其他文化遗产	陶罐、青花瓷、制作视频	这些白底青花和青底白花的瓷瓶都叫青花瓷瓶，你还见过什么样的青花瓷瓶吗	感受青花瓷的造型美和色彩美。知道青花瓷是中国特有的，增强民族自豪感	286、288

（续表）

序号	活动名称	载体	活动形式	代表文本	文本分析	页码
28	染纸	艺术与特色技能	染纸作品、材料	感受宣纸蘸水后的纸和花纹的变化	感受传统工艺染纸的花纹随意、自然、晕染的艺术美	290
29	少数民族服饰	艺术与特色技能	少数民族服装图片、实物	欣赏丰富多样的中国少数民族服装，感受人们通过服装所表达的对美好生活的向往	了解中华传统的民族文化、服饰文化，以及制作服装的技能技艺	291
30	中国民间剪纸	艺术与特色技能	影像资料、剪纸作品	欣赏中国民间剪纸，感受其独特的艺术魅力……	了解中国传统特色技能剪纸及其寓意，激发幼儿喜爱之情	292
31	农民画	艺术与特色技能	《农民画》	感受农民画造型夸张、色彩鲜艳、贴近生活的三大特点	让幼儿感受到农村生活的丰富多彩和农民画纯朴的美	303
32	丰收的季节	本土地域资源	木刻画《北方的九月》	感受木刻画中色彩和构图带来的红高粱丰收的壮观景象	幼儿体会到劳动人民在丰收时的喜悦之情，进而激发其节约粮食的情感	307
33	贺年卡	艺术与特色技能	贺年卡、欣赏、手工	观赏贺年卡的漂亮外形、图案、文字，能制作贺年卡	了解新年的不同祝贺形式，并能与同伴互相分享新年的快乐	315
34	新年联欢会	基本常识	活动过程	回忆、交流、表达新年联欢会热闹、欢乐的场景	感受我国传统节日的热烈欢乐的气氛，激发幼儿对传统节日的喜爱、期待之情	317

（六）《幼儿园渗透式领域课程 科学·艺术 教师用书 大班 下》

表4-11 载体分析与文本摘录

序号	活动名称	载体	活动形式	代表文本	文本分析	页码
1	贴窗花	艺术与特色技能	集体活动，窗花	老师剪的窗花漂亮吗？这些窗花是什么样子的	让幼儿了解窗花是中国传统的艺术物品和技艺	13
2	踩高跷	艺术与特色技能	区域活动，卡片	幼儿操作材料为踩高跷的娃娃卡片	让幼儿了解踩高跷是中国传统的特色技能	16
3	看三幅图编应用题	艺术与特色技能	集体活动，活动材料	操作材料为花灯、中国结	让幼儿了解花灯和中国结是传统工艺品	22
4	印花布	艺术与特色技能	集体活动，印手帕	幼儿根据颜色提示印出花手帕	让幼儿了解到手帕是中国传统物品，印手帕是特色技能	70
5	数包子	艺术与特色技能	备选活动，数包子、饺子	装包子的东西叫笼屉，笼屉中有几个饺子和几个包子	让幼儿了解到包子和饺子是中国传统的美食	83
6	蚕的一生	其他文化遗产	集体活动	幼儿在图书角阅读《丝绸、丝绵哪里来》，了解其来源	让幼儿了解到传统工艺品丝绸和丝绵是如何来的，有什么制作工艺	110
7	种瓜点豆	基本常识	日常活动，种植活动	不同大小的种子该怎样播种呢	丰富幼儿传统农业种植知识，萌发照顾观察植物生长的兴趣	119
8	茶叶	艺术与特色技能	备选活动，观察茶叶，泡茶	茶叶是中国的特产，你喝过茶吗？怎样喝茶呢	幼儿从活动中知道茶叶是中国的特产，感受中国茶文化的特色	120

（续表）

序号	活动名称	载体	活动形式	代表文本	文本分析	页码
9	自制小水车	其他文化遗产	亲子活动，自制水车	感知水流冲击水斗能使水车旋转起来	家长和幼儿体验亲子合作的乐趣，同时了解水车是中国传统农业用具	148
10	小小竹排	其他文化遗产	集体活动，自制简易竹排	了解竹排的特点，学习用筷子、吸管等材料自制简易竹排	幼儿对竹排产生好奇和探索的兴趣，同时了解到竹排是中国传统水用工具	148
11	小狗抬花轿	其他文化遗产	集体活动，歌曲《小狗抬花轿》	八只小狗抬花轿，老虎坐轿把扇摇	让幼儿体会到抬轿子的感觉，同时认识轿子是中国传统交通工具	165
12	包饺子	艺术与特色技能	集体活动，歌曲《喜洋洋》	过年的时候北方人特别喜欢包饺子、吃饺子，饺子是什么样的呢	幼儿体验既开心又喜庆的节日氛围，了解中国传统民美食饺子，跟随音乐做擀皮、放馅、捏皮、煮饺子的动作	171
13	捏面人	艺术与特色技能	区域活动，歌曲《捏面人》	捏面人的老爷爷本领大，捏出来的面人把眼睛看花……	了解捏面人是中国传统手工艺和传统美食	174
14	花好月圆	艺术与特色技能	集体活动，乐曲《花好月圆》	初步学习富有民族特色的乐曲进行打击乐器演奏	欣赏富有传统民族特色的乐曲，并体验集体合作打击乐器演奏的快乐	179
15	戏说脸谱	艺术与特色技能	备选活动，京歌《戏说脸谱》	蓝脸的窦尔敦盗御马，红脸的关公战场杀……	幼儿学唱京歌，了解京剧是中国国粹之一，逐步喜爱京剧艺术	185

序号	活动名称	载体	活动形式	代表文本	文本分析	页码
16	春晓	经典篇目	区域活动，歌曲《春晓》	春眠不觉晓，处处闻啼鸟，夜来风雨声，花落知多少	幼儿学习歌曲《春晓》，感受中华诗词文蕴的优美	191
17	锄草	艺术与特色技能	集体活动，豫剧《锄草》	那个前腿弓，那个后腿蹬，把脚步放稳劲使匀……	感受河南地方戏曲的韵味，体验豫剧唱段特有的唱法所带来的情感享受，进而喜欢我国地方戏曲	197
18	男儿当自强	艺术与特色技能	备选活动，乐曲《男儿当自强》	幼儿能通过眼神、表情、动作表现出解放军抗洪时的英雄气概	幼儿感受解放军叔叔们的辛苦，产生敬佩之情，并知道他们在训练中服从命令，听从指挥，可以进一步培养幼儿遵守纪律的好习惯	237
19	龟兔赛跑	艺术与特色技能	备选活动，京剧《龟兔赛跑》	学习用京剧短促、拖长腔、婉转的方法演唱京歌《龟兔赛跑》，用京剧的动作表现歌曲内容和角色特点	幼儿乐意与同伴交流并能互相学习，同时了解国粹之一京剧，体验京歌的韵味	268
20	中国人民解放军进行曲	艺术与特色技能	备选活动，歌曲《中国人民解放军进行曲》	向前向前向前！我们的队伍向太阳，脚踏着祖国的大地……	感受歌曲的铿锵有力，产生敬佩之情，向解放军学习	272

（续表）

序号	活动名称	载体	活动形式	代表文本	文本分析	页码
21	过大年	基本常识	区域活动，操作材料《过大年》	过年的时候你印象最深或最感兴趣的事情是什么	幼儿初步了解过大年时本地的一些习俗，了解人们过年时的穿着，经历过年的热闹场面，感受视觉、听觉、味觉等所带来的年味	281
22	闹花灯	艺术与特色技能	区域活动，制作花灯	幼儿根据自己的经验，有创意地制作自己喜欢的花灯	体验做花灯的乐趣，感受节日的氛围，了解传统的制作工艺	282
23	舞龙	艺术与特色技能	区域活动，制作舞龙的材料	你们想做一个什么样的龙？什么颜色的	幼儿制作完成后，尝试舞龙。体验传统艺术形式	283
24	鸭蛋网	基本常识	区域活动，编织鸭蛋网	知道端午节的一些相关习俗会打结，有初步的编织经验	通过编织鸭蛋网，了解端午节的习俗，激发幼儿对传统节日及风俗习惯的兴趣	284
25	中国结	艺术与特色技能	备选活动，编制中国结	中国结是我们中国人发明的，表达了我们对美好生活的向往	欣赏中国结，了解不同的中国结所蕴含的不同寓意，知道中国结表达了人们对美好生活的向往	285
26	我爱北京天安门	其他文化遗产	集体活动，操作材料《我爱北京天安门》	这些建筑都是中国特有的建筑，他们高大雄伟，有金黄色的琉璃瓦，红色的墙壁，给人金碧辉煌的感觉	幼儿用对称的方法大胆表现天安门城楼，感受天安门威严庄重、金碧辉煌的建筑特色	289

（续表）

序号	活动名称	载体	活动形式	代表文本	文本分析	页码
27	水墨画	艺术与特色技能	日常活动，水墨画	探索学习握笔、蘸水和用墨的方法，尝试自己用笔墨画出不同粗细浓淡的线条	帮助幼儿积累关于水墨画的知识经验，激发幼儿创作水墨画的兴趣	296
28	笋林	艺术与特色技能	日常活动，水墨画	感受水墨混合相互晕染的变化效果，鼓励能力强的幼儿画竹子	协助幼儿画竹子，进一步激发幼儿水墨画创作的兴趣	297
29	小鸟天堂	艺术与特色技能	集体活动，水墨画	进一步了解水墨画的表现方法和效果	感受水墨画画面清新和欢快的风格	298
30	丝瓜	艺术与特色技能	日常活动，水墨画	了解水墨丝瓜的表现方法	进一步激发幼儿对水文化创作的兴趣	299
31	全家福	基本常识	区域活动，泥贴	用搓长、团圆、压扁等多种技能表现自己和家人的发型、脸部、五官以及身体的动态等细节	幼儿仔细观察家人，感受一家人在一起其乐融融，相亲相爱的幸福感，进一步激发爱家庭的情感	315

（七）《幼儿园渗透式领域课程 健康·语言·社会 教师用书 大班 下》

表4-12 载体分析与文本摘录

序号	活动名称	载体	活动形式	代表文本	文本分析	页码
1	挂灯笼	基本常识	游戏"挂灯笼"	游戏规则	在游戏的过程中，幼儿不仅了解传统节日的风俗习惯，同时参与集体合作游戏，培养合作观念	60

序号	活动名称	载体	活动形式	代表文本	文本分析	页码
2	走马灯	基本常识	游戏"走马灯会真热闹"、参考资料	游戏规则	通过了解中华传统节日的民俗走马灯，制作一个相关游戏，幼儿不仅印象深刻，而且会愿意深入了解，同时集体合作，也能一定程度上帮助幼儿融入集体	62
3	舞龙灯	基本常识	游戏"舞龙灯"	游戏规则	通过传统节目"舞龙灯"的衍生游戏，幼儿更加深刻地了解了元宵节，同时团队合作游戏能促进幼儿乐意融入集体	65
4	我们去耕种	基本常识	游戏"我们去耕种"	游戏规则	了解一些春天耕种的小知识，体现春耕劳动的忙碌，进一步萌发热爱劳动人民的情感	76
5	除夕	基本常识	民间故事《除夕》	故事内容	了解除夕的风俗习惯，同时感受中国源远流长的文化，萌发身为中国人的自豪感	143
6	元日	经典篇目	古诗《元日》	古诗	愿意欣赏古诗，喜爱古诗，初步感受古诗中蕴含的中国美，同时感受新年到来时的喜悦之情	145

序号	活动名称	载体	活动形式	代表文本	文本分析	页码
7	拜年	基本常识	快板《拜年》	爷爷奶奶春节好，祝贺健康又平安……	了解春节传统习俗，培养幼儿尊老爱亲的品质	149
8	福气糕	基本常识	童话《福气糕》	辛苦的年糕师傅应该有最多的福气……	懂得感恩他人，体验在春节时相互祝福的喜悦	151
9	元宵节逛灯会	基本常识	活动设计	亲子活动：逛灯会	可增进亲子之间的关系，同时了解传统风俗	157
10	端午节	基本常识	民间故事《端午节》	屈原看破了秦王的阴谋，冒死进宫陈述利害……在流放过程中接连听到噩耗，万念俱灰，在五月初五这天投河自尽	了解中华传统故事，体会屈原的爱国主义精神，同时了解一些端午节风俗习惯的由来	158
11	春晓	经典篇目	古诗《春晓》	古诗内容	幼儿对中国古诗词有初步的认识，感受其中的韵律，进一步萌发热爱自然的情感	161
12	快乐的春节	艺术与特色技能	童谣《春节童谣》	内容及活动设计	感受春节的热闹与喜悦，了解春节的主要活动	237
13	元宵节的故事	基本常识	故事《元宵节的由来与习俗》	故事内容	了解中华传统故事，萌发对传统故事的兴趣；同时愿意主动帮助他人等	241

（续表）

序号	活动名称	载体	活动形式	代表文本	文本分析	页码
14	美丽的花灯	基本常识	故事《关于花灯的故事》	故事内容	了解中华传统故事，萌发幼儿作为中国人的自豪感。邀请传统花灯手艺人，还可以让幼儿更了解中国传统饰品，丰富幼儿对传统文化的认识	244
15	元宵节真快乐	基本常识	活动设计	大班幼儿向小班弟弟妹妹展示包元宵的方法……带弟弟妹妹到户外玩花灯、猜灯谜	让幼儿学会照顾比自己弱小的弟弟妹妹，愿意主动帮助别人	246
16	生活中的节气	基本常识	二十四节气相关知识	"二十四节气"相关内容	了解中国二十四节气，不仅是对前人知识的继承，同时也明白我们中华文化的博大精深，萌发幼儿的爱国主义精神和强烈的自豪感	247
17	香香的茶	艺术与特色技能	活动设计	事先联系懂茶的志愿者……了解茶叶的来历与作用	可初步了解中国茶文化，促进幼儿对茶的喜爱与欣赏，了解中国茶的多种多样	256
18	汉字的故事	人文典故	活动设计《仓颉造字》	欣赏视频，倾听故事，了解汉字的来历与演变……	初步了解汉字的来历，知道汉字是中国古代人创造的，了解中国传统故事，萌发对汉字的兴趣与自豪感	265

(八)《幼儿园渗透式领域课程 健康·语言·社会 教师用书 中班 下》

表 4 - 13　载体分析与文本摘录

序号	活动名称	载体	活动形式	代表文本	文本分析	页码
1	包元宵	基本常识	活动设计	幼儿和家长一起来说一说元宵节的习俗	在了解中华传统节日——元宵节的风俗习惯的过程中，幼儿与家长一起制作元宵，以增进亲子之间的关系	14
2	舞狮	艺术与特色技能	游戏《舞狮》	舞狮需要两人合作，一个人拿狮头，一个人拿狮尾	在了解中华传统表演节目的同时，也能发展幼儿之间的团队合作以及协调能力	95
3	猜猜我有多爱你	基本常识	童话《猜猜我有多爱你》	故事内容	通过亲子活动，幼儿不仅可以了解父母对自身的爱，幼儿也可以向父母表达自己的爱意，相互促进亲子之间的关系	175
4	绿色的城市	基本常识	故事《绿色的城市》	（大树）把银行，商店，医院都装扮成绿色的了。后来，整座城市都变成绿色的了	学会主动保护城市环境，加强幼儿保护环境的意识	193
5	筷子总动员	艺术与特色技能	活动设计	通过看视频、图片等资料了解筷子的起源、样式等	引导幼儿了解筷子的历史，从中可了解到筷子所蕴含的各种意义	221

（续表）

序号	活动名称	载体	活动形式	代表文本	文本分析	页码
6	爱惜粮食	基本常识	活动设计	班级里三位老师事先商量好，当天幼儿午餐后，保育老师先不收拾餐桌，以供幼儿观察自己的剩饭剩菜	了解到虽然每个人只剩一点，但每个人剩的加起来就很多，感受浪费食物的形式，以此强化幼儿节约粮食，爱惜食物的想法	224
7	我是文明小乘客	基本常识	故事《我是文明小乘客》	故事内容	了解哪些是文明的乘车行为，哪些是不好的，并愿意主动地做文明的乘客	225
8	妈妈，我爱你	基本常识	歌曲《我的好妈妈》	欢迎妈妈，全体幼儿面对妈妈，齐唱《我的好妈妈》等	大胆表达自己对妈妈的喜爱	234
9	爸爸，你真棒	基本常识	活动设计	我们班的爸爸最棒了，他们的本领有很多	对父亲产生尊敬，崇拜的情感，愿意赞扬自己的父亲	236
10	娃娃志愿者	基本常识	活动设计	娃娃志愿者可以和家长志愿者一起工作，帮助他们做力所能及的事情	培养幼儿服务他人，愿意为集体做自己力所能及的事情的品质	240
11	爱心包裹	基本常识	活动设计	将自己的捐赠物品和爱心祝福卡装包入箱送往邮局	培养幼儿主动关心他人，帮助他人的品质，同时学会珍惜现在的幸福生活	241
12	爱的传递	基本常识	互动设计	师幼共同表演节目《感恩的心》	懂得感恩给予自己帮助的人，懂得回馈	243

（九）《幼儿园渗透式领域课程 健康·语言·社会 教师用书 小班 下》

表 4-14 载体分析与文本摘录

序号	活动名称	载体	活动形式	代表文本	文本分析	页码
1	小夹子夹起来	基本常识	教师用语	鼓励幼儿将手帕在晾衣绳上晾平整，培养幼儿做事细心的好习惯	能让幼儿养成做事细心的好习惯，并体验参与劳动的成就感	27
2	乘公共汽车	基本常识	教师用语	小乘客们坐好了，大家都来做文明小乘客！我的汽车开起来啦	能让幼儿在游戏中做文明的小乘客	31
3	我学会了	基本常识	教师用语	鼓励幼儿从入园、进餐、午睡、玩游戏等方面进行对比，大方地说出自己的进步	能让幼儿增强自信心	42
4	能干的小红帽	基本常识	教师用语	师幼小结时，表扬遵守规则、勇敢完成游戏的幼儿	能让幼儿在游戏中感受到自己的勇敢和能干	50
5	营救小动物	基本常识	—	幼儿与同伴共同分享抛、接、夹、跳、踢等沙袋的玩法	能让幼儿体验和同伴共同游戏的乐趣	52
6	勇斗灰太狼	基本常识	教师用语	师幼问答总结：学好本领才能打跑灰太狼，才能保护羊村。为自己能保护羊村鼓掌，自我嘉奖	能让幼儿体验学习本领赶走大灰狼的乐趣	53

（续表）

序号	活动名称	载体	活动形式	代表文本	文本分析	页码
7	打扮好妈妈	基本常识	音乐《我的好妈妈》	等幼儿给妈妈打扮好后，妈妈和幼儿跟着教师一起表演《我的好妈妈》	能让幼儿通过购物和装扮等游戏活动表达对妈妈的关爱	58
8	小鸭捉虫	基本常识	—	检查"虫子"分类情况，点数"虫子"数量，理解"1"和许多，体会劳动的快乐	能让幼儿体会劳动的快乐	65
9	放风筝	基本常识	—	春天风大，阳光温暖，大家都爱到户外放风筝愉悦身心	能让幼儿体会与家人共同游戏的乐趣	71
10	猫和老鼠	基本常识	—	庆祝成功，感受喜悦，放松整理	能让幼儿体验勇敢运动带来的乐趣	76
11	袋鼠本领大	基本常识	教师用语	小袋鼠小腿真有力，跳了很远采回许多果子。我们看看，都采了哪些果子? 我们真能干，为自己鼓鼓掌	能让幼儿养成坚持和不怕累不怕辛苦的性格	83
12	会唱歌的瓶子	基本常识	教师用语	师幼共同努力，帮助幼儿体会用自己的本领帮助他人的快乐	能让幼儿感受到用自己的本领帮助别人的快乐	91

序号	活动名称	载体	活动形式	代表文本	文本分析	页码
13	影子	艺术与特色技能	儿童诗《影子》	教师再次带领幼儿朗诵诗歌，激发与影子做朋友的欲望	能让幼儿体验"影子游戏"的乐趣，和传统的皮影戏有些关联	120
14	小小鸟	基本常识	儿歌《小小鸟》	见面点点头，点点头	能让幼儿体验和同伴相互合作、共同表演的乐趣	126
15	三只蝴蝶	基本常识	童话《三只蝴蝶》	三只蝴蝶齐声说："我们三个好朋友，相亲相爱不分开，要来一块儿来，要走一块儿走。"	能让幼儿感受同伴间的团结友爱、不离不弃的美好情愫	134
16	过河	基本常识	童话《过河》	小象不说话，用长鼻子卷来一棵枯树，横放在河上，架起了一座独木桥	能让幼儿感受团结友爱、关心同伴的积极情感	143
17	我的家	基本常识	儿童诗《鞋》	大大小小的鞋，就像大大小小的船，回到安静的港湾，享受家的温暖	能让幼儿在倾听、游戏过程中感受一家人在一起的温暖情感	146
18	爸爸是个魔术师	基本常识	儿童诗《爸爸是个魔术师》	我的爸爸是个魔术师，他会变	能让幼儿体会到爸爸对自己的爱，萌发爱爸爸的情感	150

（续表）

序号	活动名称	载体	活动形式	代表文本	文本分析	页码
19	小蜗牛看姥姥	基本常识	童话《小蜗牛看姥姥》	一只小蜗牛，要去看姥姥。姥姥生病了，他要去送药。他爬呀爬呀爬，爬得太慢了，急得泪花掉	能让幼儿体验同伴之间相互帮助的美好情感	152
20	魔法妈妈	基本常识	儿童诗《魔法妈妈》	她会是我最爱最爱的好朋友，我爱我的魔法妈妈	能让幼儿体验爱妈妈的情感	154
21	六一儿童节	基本常识	—	教师将幼儿带到组织活动的场景中，感受六一儿童节的喜庆氛围	能让幼儿感受六一儿童节传统节日的快乐和幸福	163
22	春节里的开心事	基本常识	动画视频《萌宝过大年》	观看动画视频，师幼共同讨论春节里的活动，看一看春节里还有哪些有意思的事情	能让幼儿体验中华传统节日"春节"的快乐	187
23	快乐的元宵节	基本常识	元宵图片	每年的正月十五这一天是元宵节，元宵节是中国的传统节日	能让幼儿知道元宵节是中国的传统节日之一，感受节日的欢乐气氛，体验与同伴一起过节的快乐	188

序号	活动名称	载体	活动形式	代表文本	文本分析	页码
24	夸夸我的好妈妈	基本常识	—	观看视频并听妈妈的介绍，进一步感知妈妈的关爱和辛苦	能让幼儿知道妈妈很爱自己，并把爱回报给妈妈	191
25	亲亲好妈妈	基本常识	节目表演《我的好妈妈》	幼儿初步了解三八节是妈妈奶奶外婆等的节日，萌发对妈妈爱的情感	能让幼儿体验给妈妈、外婆、奶奶过节是一件很快乐的事	192
26	妈妈我来帮帮你	基本常识	故事《我是小帮手》	熊猫爸爸和熊猫妈妈工作了一天，回到家中	能让幼儿体验帮助别人的快乐，增进与妈妈之间的感情	194
27	兔奶奶病了	基本常识	—	小兔们大胆地用语言、身体、动作等方式来表达自己对奶奶的关爱	能让幼儿学会用自己的方式表达对生病的人的关心，主动关爱他人	198
28	朵朵不开心	基本常识	视频《不开心时怎么办》	幼儿利用餐后、起床后或离园前的空余时间观看视频并进行讨论	能让幼儿学习用适当的方式帮助和安慰同伴，表达对他人的关心	199
29	我们的五色花	基本常识	—	教师创设情境引发幼儿活动的兴趣	能让幼儿体验帮助他人的乐趣	200
30	蝴蝶找花	基本常识	—	幼儿扮演蝴蝶宝宝寻找解决"缺少印章"的方法	能让幼儿知道遇到困难时，使用礼貌用语，寻求他人帮助	202

（续表）

序号	活动名称	载体	活动形式	代表文本	文本分析	页码
31	妈妈辛苦了	基本常识	图片教具	看图片寻找小宝宝，欣赏宝宝在妈妈肚子里的模样	能让幼儿感恩妈妈十月怀胎的辛苦，增进爱妈妈的情感	208
32	爸爸我爱你	基本常识	—	介绍爸爸，让同伴初步了解自己的爸爸	能让幼儿学习用语言和行动表达对爸爸的喜爱，增进爱爸爸的情感	210
33	爷爷、奶奶、小宝贝	基本常识	—	听爷爷奶奶讲自己小时候的故事，初步感受爷爷奶奶对自己的关爱	能让幼儿尊重长辈，增进祖孙间的情感	212
34	我给奶奶捶捶背	基本常识	—	放学前邀请奶奶外婆讲述平常在家做哪些事情，知道奶奶外婆很辛苦	能让幼儿在日常生活中关心奶奶外婆，为她们做一些力所能及的事	213
35	爷爷小时候的游戏	基本常识	—	爷爷外公带小朋友一起玩小时候的游戏，教师提醒幼儿听从长辈的要求	能让幼儿听从长辈的要求，尊敬长辈	214
36	小猫家来的小客人	基本常识	教室环境、教具	幼儿体验做客，了解做客的基本礼貌	能让幼儿学习使用礼貌的语言，做有礼貌的小客人	215
37	甜甜的西瓜大家一起吃	基本常识	—	当与同伴分享西瓜时，会用礼貌用语	能让幼儿与同伴一起品尝甜甜的西瓜，体验与同伴分享的快乐	221

（十）《幼儿园渗透式领域课程 健康·语言·社会 教师用书 中班 上》

表 4-15 载体分析与文本摘录

序号	活动名称	载体	活动形式	代表文本	文本分析	页码
1	筷子夹夹夹	艺术与特色技能	生活区的设计	中国人使用筷子的历史与相关知识，以及教师小结使用筷子的安全问题	筷子是我们中国人的一种饮食特色，是我们国人千百年来的智慧，应该从小让幼儿习惯使用筷子	19
2	重阳糕	基本常识	活动的设计	重阳节的相关知识，习俗习惯，与爷爷奶奶做重阳糕	幼儿愿意向爷爷奶奶表达自己的爱，喜爱家人、亲近家人，同时了解传统节日，懂得相关知识	23
3	大公鸡早早起	基本常识	活动的设计	大公鸡的作息表	鼓励幼儿不怕寒冷的天气，准时上幼儿园	44
4	救小羊	基本常识	活动设计	穿过危险，把小羊从危险的地方救回来	学会帮助他人，团结友爱	76
5	收水果活动	基本常识	活动设计	各种不同的亲子合作游戏	幼儿愿意与家人亲近，与家人合作完成游戏，感受家庭的温暖	100
6	新年的礼物	基本常识	活动设计	了解新年的相关知识，知道新年会收到礼物等习俗	了解中华传统节日及风俗习惯，感受新年欢乐的气氛	106
7	别说我小（一）	基本常识	儿童诗《别说我小》	妈妈你别说我小，我会穿衣和洗脚	幼儿明白自己长大了，鼓励幼儿学会自己的事情自己做	135

（续表）

序号	活动名称	载体	活动形式	代表文本	文本分析	页码
8	别说我小（二）	基本常识	谈论主题的设计	幼儿大胆表达可以替家人分担的家务	鼓励幼儿帮助家人做一些自己力所能及的家务事，学会体贴家人，明白家人的辛苦	137
9	胆小先生	中华传统美德	童话《胆小先生》	哦！原来我是很有力量的	让幼儿明白自己也是非常厉害的，学会勇敢面对事物，不应过于胆小！	149
10	猴子过河	基本常识	故事《猴子过河》	孩子们，这样做很危险，大家要有秩序地过独木桥	明白应该相互谦让，有秩序地做事，这样才能让所有的人都便利	151
11	团结友爱亲又亲	基本常识	儿歌《团结友爱亲又亲》	三个人，四个人，五个人，团结友爱亲又亲	鼓励幼儿与其他幼儿一起玩耍，这样获得欢乐会更多，学会团结友爱的优秀品质	153
12	快乐的一天	基本常识	童话《快乐的一天》	他决定去摆放好朋友……这真是夏天最快乐的一天	幼儿愿意与其他小朋友玩，感受互相之间的友谊	155
13	小蚂蚁和蒲公英	基本常识	挂图故事《小蚂蚁和蒲公英》	我来帮助你吧！小蚂蚁就把自己的蒲公英递给了小蝴蝶	学会关心他人，帮助他人	162
14	微笑（一）	基本常识	散文《微笑》	我愿意为朋友们唱歌，让他们高兴	愿意帮助他人，并从中体会到帮助他人的快乐	166

序号	活动名称	载体	活动形式	代表文本	文本分析	页码
15	胖胖猪感冒了	基本常识	童话《胖胖猪感冒了》	啊！他看到了朋友们那一张张熟悉的脸！胖胖猪笑了，现在他觉得舒服多啦	当朋友生病时，愿意帮助他们，学会互帮互助	168
16	松树爷爷的帽子	基本常识	科学童话《松树爷爷的帽子》	哦，可怜的小鸟，快进去暖和一下吧……这下，松树爷爷的帽子里更暖和了	鼓励幼儿帮助他人，体会帮助他人的快乐，团结友爱	189
17	萝卜回来了	基本常识	童话《萝卜回来了》	我找到了东西，去和他一起吃……我知道了，是好朋友送来给我吃的	鼓励幼儿互帮互助，给予他人善意，终有一刻也会回馈给自己！	191
18	小松鼠的大尾巴	基本常识	童话《小松鼠的大尾巴》	小鸡，我来帮助你吧……小蜗牛，我来帮助你吧	鼓励幼儿互帮互助，体会帮助他人的快乐	196
19	贺年片	基本常识	活动设计	贺年片的设计、由来，"老寿星"的含义，以及新年快乐的一些习俗	向幼儿解释关于新年的相关知识，以及一些传统祝寿用语	203
20	弟弟妹妹，我爱你	基本常识	活动设计	幼儿尝试说一说，试一试安慰弟弟妹妹的方法	愿意关心照顾比自己小的弟弟妹妹，学会关心弱小，帮助他人	226

（续表）

序号	活动名称	载体	活动形式	代表文本	文本分析	页码
21	自己的事情自己做	基本常识	教学挂图《自己的事情自己做》	师幼交流幼儿自我服务的内容	学会自强不息，自己的事情自己做	227
22	我的朋友	基本常识	活动设计	请你玩玩我的玩具	鼓励幼儿与自己的朋友互相分享，借别人的玩具时，学会使用礼貌用语	234
23	蚂蚁搬豆	基本常识	歌曲动画《蚂蚁搬家》	团结起来力量大	感受团结的力量，愿意与同学一起合作	235
24	我身边的大朋友	基本常识	活动设计	学会用"你好！"	向园内的清洁阿姨，门卫爷爷等一直服务我们的工作人员表达感谢，明白他们的辛苦，理解并感谢	237
25	团团圆圆中秋节	基本常识	视频《嫦娥奔月》、活动设计等	中秋节的习俗，月饼与月亮的关系由来	教师向幼儿介绍中秋节的常识性知识以及相关习俗等，幼儿之间一起分享月饼	238
26	借玩具有礼貌	基本常识	活动设计	鼓励幼儿礼貌地、主动地向同伴与老师表达借玩具的愿望	班与班之间相互沟通，换玩具可以促进两班之间的交流	242
27	帮帮你	基本常识	活动设计	幼儿有接受别人帮助以及帮助他人的快乐经验	幼儿愿意帮助他人，并能从中体会到帮助他人的快乐	243

序号	活动名称	载体	活动形式	代表文本	文本分析	页码
28	谢一谢	基本常识	歌曲《亲爱的，谢谢你》	歌词	得到他人的帮助时，鼓励幼儿道谢，学会礼貌对待他人	244
29	夫子庙里逛一逛	人文典故	著名传统文明景点	文德桥的解说，以及告诉幼儿不得大声喧哗，不能乱涂乱画	让幼儿明白在公共场合不得过于喧闹，要保持文明旅游的习惯，以及了解中华古代的伟人——孔子，他的一些优秀品质与习惯	247
30	中山陵	人文典故	著名优秀景点	展厅内的设计	让幼儿熟悉中国近代史的历史优秀名人——孙中山，并萌发热爱家乡的情景	248
31	亲亲爷爷和奶奶	基本常识	活动设计	了解重阳节的相关知识，并给爷爷奶奶表演节目	鼓励幼儿向爷爷奶奶表达自己的爱，知道传统节日重阳节及相关知识	256
32	幼儿园里最美的人	基本常识	活动设计	了解园内一直在清理垃圾，让幼儿园这么干净的门卫爷爷	从环卫工人进入主题，幼儿了解园内一直在为我们服务的门卫爷爷并向他们表达自己的感激之情	258
33	一起过生日	基本常识	活动设计	知道自己的生日是哪一天，能在月历表上标注出来	让幼儿了解自己的生日，了解日历，愿意为同伴送上祝福	260
34	打电话	基本常识	活动设计	用礼貌用语打电话	学会打电话时的礼貌用语，学会使用"你好""喂"等词	265

序号	活动名称	载体	活动形式	代表文本	文本分析	页码
35	新年欢乐棋	艺术与特色技能	各种棋类的用法	将各种棋类改编成新年棋，一起设计，一起玩	了解新年、元旦的习俗，会玩各种棋类，包括斗兽棋、跳子棋、象棋等	267
36	年来了	基本常识	故事《年的传说》	每到过年的时候人们就会穿红衣服，贴红对联等	了解新年的各种习俗习惯，认识一个新年的传说故事	268
37	大家来拜年	基本常识	活动设计、儿歌《新年到》	歌词，教师带幼儿讨论拜年的相关知识	向家人、园内的叔叔阿姨拜年，学习拜年的礼貌用语、手势等，知道拜年是中国人传统的春节习俗	269

经整理，《幼儿园渗透式领域课程 教师用书》中所涉及的人物有解放军、武警、邮递员、陆军、海军、空军、藏族、农民、屈原、秦王、仓颉；涉及的地域有天安门、小竹桥、竹篱笆、森、河、城市、家庭、教室、文德桥；涉及的节日有新年、节气、国庆节、火把节、过年、除夕、端午节、元宵节；涉及的活动有游园、闹花灯、剪窗花、捉迷藏、摆手舞、朝鲜舞、剪纸、踩高跷、捏面人、抗洪、舞龙、耕种、拜年、逛灯会、猜灯谜、包元宵、舞狮；涉及的物件及食品有水墨画、福气糕、对联、棋、手帕、月饼、粥、彩灯、手绢、纱巾、麻团、饼干、蛋卷、扇子、窗花、石磨、豆浆、竹制品、竹板、腕铃、馒头、脸谱、日晷、陀螺、藏族服饰、唐装、陶罐、青花瓷、宣纸、红高粱、花灯、中国结、包子、笼屉、丝绸、茶叶、筷子、竹排、花轿、饺子、鸭蛋网；涉及的艺术作品有《西游记》，京剧，古诗《春晓》《元日》，豫剧《锄草》，快板《拜年》，音乐《中国人民解放军进行曲》。

三、《幼儿园建构式课程》教材文本分析

（一）《幼儿园建构式课程教师用书 小班 上》

表4-16 载体分析与文本摘录

序号	活动名称	载体	活动形式	代表文本	文本分析	页码
1	早晨多美好	基本常识	手指表演	早上七点钟，该起床啦。啊！早晨多美好	让幼儿习惯早起，感受家人之间的亲密	31
2	小小粉刷匠	艺术与特色技能	儿歌《我是一个粉刷匠》	我要把幼儿园刷得很漂亮	喜欢劳动，享受劳动带来的乐趣，愿意为其他人奉献	30
3	找个朋友	基本常识	儿歌《找个朋友》	朋友你好，朋友你好，我的好朋友	愿意礼貌地与其他小朋友打招呼，交朋友，玩耍	34
4	月饼圆圆	基本常识	中秋节吃月饼，赏月的中华传统习俗	中秋节，月亮圆圆，月饼也是圆圆的	让幼儿了解中秋节的基本常识与习俗习惯，让幼儿愿意动手劳动	43
5	给妈妈的妈妈送甜蜜	基本常识	绘本《给妈妈的妈妈送甜蜜》	鼓励幼儿回家后向爸爸妈妈，爷爷奶奶表述自己对他们的爱	能萌发幼儿心中尊老爱幼的中华传统美德	72
6	妈妈爱我，我爱妈妈	基本常识	关于妈妈的摄影展	为妈妈制作项链，手链，发夹，披肩等装饰品	让幼儿更能感受妈妈的爱，同时向母亲表达自己的爱	74

（续表）

序号	活动名称	载体	活动形式	代表文本	文本分析	页码
7	蛤蟆种瓜	基本常识	绘本《蛤蟆种瓜》	青青的小苗会慢慢长大，以后会结出许多瓜。蛤蟆打了个哈欠说："种瓜真不容易啊！"	能让幼儿正确了解植物的生长过程	93
8	会响的小路	基本常识	绘本《会响的小路》	你别刮走路上的树叶……于是风儿踮着脚尖轻轻地跑过小路	让幼儿欣赏大自然，热爱大自然，保护自然环境	119
9	轱辘轱辘	基本常识	教师用语	最后请幼儿互相帮助吧	愿意互帮互助，愿意与同伴合作交往	150
10	小老鼠上灯台	艺术与特色技能	儿歌《小老鼠上灯台》	儿歌歌词	能让幼儿了解与接触中华传统儿歌	151
11	日常活动游戏：红灯绿灯	艺术与特色技能	儿歌	大马路，宽又宽，警察叔叔站中间	让幼儿了解基本的道路知识，对于促进社会和谐有启发萌芽的作用	153
12	小不点儿	基本常识	故事《小不点儿》	没关系，我总有一天会长大的	让幼儿切身感受，能感受自强不息的传统美德	164
13	小象爱妈妈	基本常识	儿歌《小象爱妈妈》	我最喜欢我的好妈妈	让幼儿亲近自己的妈妈，感受妈妈对自己的爱和自己对妈妈的爱，学会尊老爱亲的传统美德	175

序号	活动名称	载体	活动形式	代表文本	文本分析	页码
14	大脸小脸亲一亲	基本常识	乐曲《我的好妈妈》	歌词	让幼儿愿意融入集体，愿意与老师亲近，感受尊老爱亲的传统美德	177
15	快乐的鞭炮	艺术与特色技能	做教具鞭炮	教具	让幼儿了解过年放鞭炮的基本含义	180
16	日常活动歌曲：新年好	基本常识	儿歌《新年好》	歌词	了解关于过年的歌曲，愿意与家人分享，促进家庭和谐	182
17	小熊的冬天商店	基本常识	活动设计	大家都来买东西了，小熊还没整理好，商店里乱哄哄的，我们帮他整理一下吧	愿意帮助他人，体会劳动的快乐	193
18	日常活动律动：学做小小兵	基本常识	关于解放军叔叔在冬天不怕冷，勇敢练兵的故事	故事	学习解放军的自强不息的吃苦精神	206

（二）《幼儿园建构式课程 教师用书 小班 下》

表 4–17　载体分析与文本摘录

序号	活动名称	载体	活动形式	代表文本	文本分析	页码
1	敲门	基本常识	绘本《敲门》	我和爸爸在家里，总想妈妈来敲门，叮咚叮咚	能让幼儿感受全家人亲亲热热在一起的幸福，运用多种方式表达对爸爸妈妈的情感	20

（续表）

序号	活动名称	载体	活动形式	代表文本	文本分析	页码
2	亲亲热热在一起	中华人文精神、中华传统美德	歌曲《亲亲热热在一起》	我和爸爸在家里，总想妈妈来敲门，叮咚叮咚妈妈回来了	让幼儿体验一家人亲亲热热在一起的幸福感	22
3	我的爸爸	中华传统美德	散文《我的爸爸》	我喜欢爸爸的大手，喜欢把小手放在他手心上	让幼儿体验与爸爸在一起愉快轻松的情感，增进父子之间的亲情	24
4	爸爸的领带	中华传统美德	活动过程	我为爸爸系领带	让幼儿体验成功的喜悦表达对爸爸的爱意	26
5	我的爸爸妈妈	中华传统美德	活动过程	我的爸爸妈妈，你最喜欢爸爸妈妈身上的什么地方	让幼儿体验爸爸妈妈对自己的关爱，尝试关心爸爸妈妈	27
6	妈妈的笑脸	中华传统美德	活动过程	展示妈妈的笑脸	让幼儿通过说一说，画一画，萌发爱妈妈的情感	36
7	蚂蚁搬豆	中华人文精神、中华传统美德	儿歌《蚂蚁搬豆》	一只蚂蚁在洞口，看见一粒豆。用力搬也搬不动，急得直摇头	让幼儿体验同伴之间齐心协力友好相助的情感	154

（三）《幼儿园建构式课程教师用书 中班 上》

表 4 − 18　载体分析与文本摘录

序号	活动名称	载体	活动形式	代表文本	文本分析	页码
1	朋友见面真开心	基本常识	活动设计	现在好朋友互相握握手	让幼儿体会在集体中的快乐	20

序号	活动名称	载体	活动形式	代表文本	文本分析	页码
2	有朋友真好	基本常识	故事《有朋友真好》	哈哈，和你一起过生日多么愉快啊	学会诚信待人，学会陪伴朋友，关心朋友	27
3	小指勾一勾	基本常识	歌曲《两个好朋友》、《小指勾一勾》	勾三勾，做游戏，我们两个好朋友	感受和朋友一起玩耍的快乐	32
4	好朋友一起玩玩具	基本常识	活动设计	现在请你们和好朋友一起玩玩具	学会与好朋友一起玩玩具，感受分享的乐趣	39
5	想让你高兴	基本常识	故事《讲故事》	我在这儿休息，你给我讲个故事吧	学会帮助与照顾朋友	50
6	友谊	基本常识	故事《友谊》	加油！加油！你真棒	知道朋友相处需要鼓励、友善	70
7	小乌龟看爷爷	基本常识	故事《小乌龟看爷爷》	我要去看爷爷，给他送一棵小苹果树	学习小乌龟的尊敬、关心长辈的优秀品质	108
8	爱旅行的蜗牛	基本常识	活动设计	了不起的蜗牛	学习蜗牛不怕困难，坚持到底的优秀品质	110
9	慢吞吞的压路机	基本常识	故事《慢吞吞的压路机》	对不起，我不该笑话你	学习压路机吃苦耐劳、帮助他人的优秀品质，同时要学会对帮助了自己的人表达感谢	114
10	小磨蹭吃饭	基本常识	故事《饭粒变蚂蚁》	不磨蹭，不磨蹭，吃饭不磨蹭，做事不磨蹭	学会做事不磨蹭，改掉做事拖拉的不良习惯	118

（续表）

序号	活动名称	载体	活动形式	代表文本	文本分析	页码
11	蓝色小花	基本常识	故事《蓝色小花》	老星星别难过，我是一朵蓝色的小花，我可以让你看到蓝色	学会帮助他人，感受帮助他人的快乐	158
12	露水蘑菇	基本常识	故事《露水蘑菇》	小兔拿起露水蘑菇就大口大口地吃起来	学习劳动，减少幼儿挑食的行为	218
13	蔬菜品尝会	基本常识	活动设计	幼儿在家与父母商量共同做一种以蔬菜为主的菜	促进亲子之间关系，感受劳动的快乐	228
14	健康歌	基本常识	歌曲《健康歌》	学爷爷唱唱跳跳我才不会老	培养幼儿正确的生活习惯，让幼儿在运动中感受到快乐	246
15	胖胖兔减肥	基本常识	故事《胖胖兔减肥》	袋鼠说：坚持，快起来，不能偷懒	学习胖胖兔坚持不懈的精神，感受运动带来的快乐与健康	263
16	不要惹麻烦	基本常识	活动设计	引导幼儿讨论不惹麻烦的办法	培养幼儿正确的社会规范	301
17	我的生活我安排	基本常识	活动设计	制作"一日生活时钟"，了解一日生活安排的顺序	让幼儿体会合理有序地安排时间的意义	309
18	我要搬出去	基本常识	绘本《我要搬出去》	小兔和她的朋友把玩具收拾得整整齐齐	让幼儿感悟到收拾整齐才能过有序的生活	313
19	我和妈妈在一起	基本常识	故事《我和妈妈在一起》	小熊、小鸭喜欢听我讲故事，多多喜欢听妈妈讲故事	理解爸爸妈妈的忙碌，能独立自强	316

序号	活动名称	载体	活动形式	代表文本	文本分析	页码
20	谢谢您	基本常识	歌曲《谢谢您》	如果你请人做一件事呀，请别忘了说一声谢谢您	学会礼貌待人，培养和睦相处的习惯	323
21	小木偶进超市	基本常识	木偶剧《小木偶进超市》	谢谢大家提醒我一次只买一样东西，妈妈会很高兴的	让幼儿萌生控制欲望的认识	325
22	吃饭的时候	基本常识	情景表演《吃饭的时候》	讨厌，我不想吃	让幼儿萌发文明进餐的意识	330
23	不认错的多多和有勇气的多多	基本常识	故事《不认错的多多和有勇气的多多》	做错事情，不要找借口。知道错了，就是有勇气	让幼儿理解承认错失是一种勇气，敢于承认错误	343
24	对不起，没关系	基本常识	歌曲《泼水歌》	对不起，对不起，向你敬个礼，请你不要对我那么地生气	知道打扰到他人应该求得对方的原谅，学会说对不起和没关系	346
25	让座	基本常识	歌曲《让座》	婆婆您请坐，婆婆您请坐	培养幼儿尊老爱幼的良好品质	350
26	对不起，没关系	基本常识	歌曲《对不起，没关系》	我快快扶起他说声对不起，他笑着对我说没关系	礼貌对人，和睦相处	351
27	咪咪	基本常识	故事《咪咪》	猫哥哥把一束鲜花送给她，祝贺她成为一只勇敢的小猫	自强不息，勇敢面对困难，不轻言放弃	363

序号	活动名称	载体	活动形式	代表文本	文本分析	页码
28	小乌龟上山坡	基本常识	歌曲《小乌龟上山坡》	爬呀爬到山坡上，心里乐悠悠	学习小乌龟坚持不懈、不轻言放弃的优秀品质	365
29	"山洞"寻宝	基本常识	游戏设计	他知道我们班的小朋友是勇敢的孩子，所以请我们去找。你们能完成任务吗?	用游戏的方式让幼儿克服怕黑的心理，体验做勇敢者的快乐	367
30	蜗牛受苦	基本常识	活动设计	蜗牛一会儿怕这，一会儿怕那，最终没有搬成家	让幼儿理解遇到困难不要怕，要勇敢地克服困难	371
31	寒风中的人	基本常识	活动设计	冬天来了，天气好冷，可是有许多人不怕冷，坚持早起	让幼儿以这群人为榜样，萌发尊敬之情，萌发幼儿不怕寒冷的情感	372
32	不怕冷的大衣	基本常识	诗歌《不怕冷的大衣》	刮着风，下着雪，小兔已经有勇气，只要出门去，运动运动身体，浑身就会冒热气	体会运动带来的好处，培养幼儿不怕寒冷的情感	374
33	冬日远足	基本常识	活动设计	在路上鼓励幼儿不怕冷，随队伍共同前进	培养幼儿不怕寒冷，不怕苦的优秀品质，让幼儿体验克服困难的快乐	382
34	小狐狸的枪和炮	基本常识	故事《小狐狸的枪和炮》	小狐狸知道自己以前错了，还用很聪明的办法来改正错误	学会勇敢承认错误，改正错误。建设和睦相处的社会	383

序号	活动名称	载体	活动形式	代表文本	文本分析	页码
35	勇气	基本常识	绘本《勇气》	内容	萌生幼儿勇敢面对困难的意愿，愿意成为勇敢的孩子	388

（四）《幼儿园建构式课程 教师用书 中班 下》

表4-19　载体分析与文本摘录

序号	活动名称	载体	活动形式	代表文本	文本分析	页码
1	新年	基本常识	故事《新年》	有一个怪物喜欢吓唬人，它的名字叫"年"……	画面呈现过新年的喜庆场景和传统习俗，了解过年的民俗风情	19
2	年兽来了	基本常识	故事《年兽的故事》	冬天年兽会悄悄地下山来，年兽是怎样悄悄下山的呢？	了解新年的传统习俗和传说	21
3	今年什么年	艺术与特色技能	故事《十二生肖的故事》	生肖只有我们中国才有，外国是没有的	初步了解十二生肖的排列顺序，知道自己的属相，感受中国独特的生肖文化	23
4	新年带着幸福来	基本常识	音乐《新年带着幸福来》	新年敲着锣鼓走来走来，新年放着鞭炮来走来……	幼儿将喜庆幸福的心情表现出来，感受过年的氛围	25
5	新年吉祥物	基本常识	春联、中国结、灯笼、虎头帽、虎头鞋	为什么过年的时候有这么多吉祥物？	欣赏新年吉祥物的色彩，感受浓郁的新年氛围，了解新年吉祥物的特点和寓意	27

（续表）

序号	活动名称	载体	活动形式	代表文本	文本分析	页码
6	做个狮子舞起来	艺术与特色技能	音乐《春节序曲》	我们也来做一个喜气洋洋的狮子面具	感受舞狮的热闹和快乐	29
7	花灯会	艺术与特色技能	红灯笼	过新年了，小兔子一家订好了花灯	认识传统节日物品——灯笼	30
8	红窗花	艺术与特色技能	窗花	过年的时候，许多人家都喜欢在窗户上贴窗花	剪出各种图案的窗花并了解剪纸是我国传统民间艺术	31
9	过年好口福	基本常识	苹果，年糕，汤圆，橘子	过年过年好口福，吃了苹果平平安安	了解"口彩"其中蕴含的美好愿望，乐于分享过年的丰富食物	32
10	红火锅	艺术与特色技能	火锅	今天我们来学习做火锅，看看有什么火锅原料	感受新年大家一起吃火锅的乐趣和热闹欢快的氛围	34
11	团团圆圆年夜饭	基本常识	年夜饭	好丰盛的一桌年夜饭啊！大家团圆过个年吧	学会表现年夜饭的丰盛和热闹地吃年夜饭的场景	35
12	包饺子	艺术与特色技能	音乐《喜洋洋》	过年的时候家家户户都要包饺子，吃饺子	帮助幼儿准备包饺子的生活经验，体验合作游戏带来的快乐	36
13	福气糕	艺术与特色技能	故事《福气糕》	恭喜恭喜，新年福气	理解红包的祝福意义，体验祝福给人的快乐	39
14	恭喜恭喜	基本常识	音乐《恭喜恭喜》	每条大街小巷，每个人的嘴里	体验互相送上新年祝福带来的快乐	41
15	挂彩灯	基本常识	灯笼	新年快到了，兔妈妈订购了灯笼	了解新年传统物品——灯笼	42

序号	活动名称	载体	活动形式	代表文本	文本分析	页码
16	烟花舞	艺术与特色技能	烟花	放烟花是过年时最开心的事了	体验过年放烟花的快乐	44
17	幸福锣鼓送红包	艺术与特色技能	中国结、金元宝	过年啦，敲锣打鼓放鞭炮	感受锣鼓游戏的欢乐气氛，体会获得红包的惊喜	45
18	送你好运气	艺术与特色技能	红气球	红彤彤的气球象征着新年的好运	让幼儿感受喜庆好运气的氛围	46
19	中华龙	人文典故	龙	咚咚锵，咚咚锵，过大年，舞长龙	知道龙是中国文化中的象征性形象	47
20	欢腾的龙	艺术与特色技能	舞龙	人们什么时候舞龙？你们想不想舞龙？	知道舞龙是欢庆新年的民间习俗，体验舞龙的乐趣	48
21	百人糕	艺术与特色技能	故事《百人糕》	故事里的甜糕是怎么做的？米是从哪里来的？	了解民间故事《百人糕》，感受传统文化	223

（五）《幼儿园建构式课程 教师用书 大班 上》

表4-20 载体分析与文本摘录

序号	活动名称	载体	活动形式	文本分析	页码
1	会变的影子	艺术与特色技能	探索活动	小时候常玩的影子游戏，让幼儿了解中国传统游戏	14
2	花瓣儿风车	艺术与特色技能	益智活动	了解麦子如何变成面粉，面粉又如何制作成各种各样的美食，让幼儿看到粮食的变化；区角投放石磨、糯米、小米等材料，让幼儿动手操作；让幼儿了解中国传统文化的基本常识，以及手工劳动方面的技艺	31

（续表）

序号	活动名称	载体	活动形式	文本分析	页码
3	鼓儿变变变	艺术与特色技能	音乐活动	该活动音乐选编自民间舞曲《蕲竹舞》，让幼儿感受中国传统艺术与技能特色	33
4	会变的月亮	基本常识	美术活动	让幼儿仔细观察月亮，扮演中秋节一家人吃月饼赏月的情景，让幼儿了解中国传统节日及风俗习惯	42
5	月亮的故事	人文典故	美术活动	根据当地风俗习惯选择民间传说《月亮的故事》，让幼儿感受中国传统人文典故	43
6	纸棍造型	艺术与特色技能	表演活动	用纸棍表现划船、舞龙、杂技等动作，了解中国传统艺术与技能特色	50
7	做馒头	艺术与特色技能	音乐活动	让幼儿配合音乐表现做馒头等步骤，还可以引导幼儿创编包饺子、做麻花、炸油条等；学习了中国传统文化以手工劳动为主的技能	53
8	我是中国小娃娃	基本常识	语言活动	幼儿可以了解自己是中国人，住在哪，并欣赏诗歌《我们的祖国真大》，萌发爱国之情，培养中华传统美德	68
9	中国功夫	艺术与特色技能	音乐活动	了解、学唱、表演中国功夫，中国功夫表现了中华民族的精神气质，通过音乐和表演的熏陶，幼儿更能直接地体会到这种民族精神	70
10	有趣的汉字	人文典故	益智活动	汉字是中华文化的重要组成部分，了解汉字的产生、演变，可以让幼儿了解祖国文化，通过展示的书法作品，让幼儿感受到书法艺术的魅力	73
11	京剧脸谱	艺术与特色技能	美术活动	让幼儿认识京剧脸谱，了解不同脸谱与人物身份、个性的关系，感受脸谱图案和色彩的美，萌生对中国传统艺术与特色技能的兴趣	74

序号	活动名称	载体	活动形式	文本分析	页码
12	青花瓷	艺术与特色技能	数学活动	欣赏青花瓷的花纹，设计花纹样式，让幼儿了解中国的文化遗产和艺术与特色技能	76
13	青花瓷瓶	艺术与特色技能	美术活动	让幼儿了解青花瓷纹饰的特点，欣赏图案的清秀典雅；绘制青花瓷纹饰，了解传统艺术与特色技能	78
14	月亮船	本土地域资源	语言活动	让幼儿了解我国的地理特点，萌发热爱祖国的感情	79
15	大中国（一）	艺术与特色技能	音乐活动	欣赏歌曲《大中国》，感受热爱祖国的真挚情感，萌发幼儿的自豪和爱国之情	81
16	颁奖台上	基本常识	益智活动	让幼儿能为中国运动员争光感到自豪，激发幼儿对国旗国歌的敬爱之情，组织幼儿升旗时应立正行注目礼	83
17	竹	艺术与特色技能	美术活动	让幼儿了解竹子的外形特征，尝试用水墨画表现竹子，了解中国水墨画的绘画材料及表现方法，帮助幼儿从美术的角度感受中华文化，了解中国画特有的风格	84
18	娃娃游中国	本土地域资源	语言活动	幼儿讲述自己的旅游经历，将欣赏喜爱之情融入讲述中，运用多种形式表现祖国的景色，加深对祖国大好河山的认识，萌发对祖国的自豪感	85
19	小小旅行家	本土地域资源	体育活动	幼儿通过登高山、过激流、走独木桥等艰难旅行，体会到红军长征的艰辛困苦，通过自身的努力，最后胜利会师，萌生对红军的敬佩之情，以及爱国之情	86
20	北京的金山上	艺术与特色技能	音乐活动	幼儿通过学习弹簧步、甩水袖等基本动作来表现藏族舞的特色，感受歌曲对民族文化的深情赞颂	88

（续表）

序号	活动名称	载体	活动形式	文本分析	页码
21	聪明的阿凡提	人文典故	语言活动	阿凡提是一个机智勇敢的新疆维吾尔族人，让幼儿通过故事，了解到少数民族的聪明才智，增进热爱少数民族的情感	91
22	欢迎你到新疆来	艺术与特色技能	音乐活动	这是一首具有维吾尔民族风格的幼儿歌曲，歌词形象生动，民族气息浓厚，幼儿用简单的肢体动作进行表演，感受少数民族的音乐特点	93
23	木屐喀叽叽	艺术与特色技能	表演活动	聆听故事，感受劳动人民应对自然危害的生活智慧	95
24	跳花竿	艺术与特色技能	体育活动	通过傣族的跳花竿活动，可组织幼儿观赏其他少数民族的风俗习惯及活动，例如蒙古族的摔跤等	97
25	兄弟姐妹是一家	基本常识	益智活动	幼儿通过活动了解我国是一个多民族国家，有56个民族，可以了解部分少数民族的风俗习惯，懂得尊重少数民族	98
26	大中国（二）	艺术与特色技能	音乐活动	用三角铁、铃鼓、钹等打击乐器表现歌曲《大中国》，体会歌曲中的情感	99
27	民族服装真漂亮	艺术与特色技能	美术活动	幼儿可了解少数民族服装的款式、色彩、图案，知道不同服饰特点，绘制自己喜欢的民族服饰，萌生兴趣	102
28	捏面人	艺术与特色技能	美术活动	欣赏面人的造型与色彩，尝试捏面人，了解中国传统的捏面人艺术	104
29	我们小手拉小手	基本常识	语言活动	感受全世界小朋友都是一家人，让幼儿学会诗歌中的你好等问候语	105
30	欢乐总动员	艺术与特色技能	表演活动	幼儿积极参与"民族大联欢"活动，用语言舞蹈和游戏等多种形式表现自己对少数民族的情感	108

序号	活动名称	载体	活动形式	文本分析	页码
31	舞长龙	艺术与特色技能	体育游戏	幼儿模仿中国传统风俗习惯舞长龙，了解中国传统文化	110
32	娃哈哈	艺术与特色技能	音乐活动	学习维吾尔族民歌，感受少数民族音乐的特点	111
33	中国结	艺术与特色技能	美术活动	幼儿学习怎么系中国结，了解中国传统手艺	112
34	新疆帽	艺术与特色技能	美术活动	了解新疆帽的特点，学习制作	112
35	踩高跷	艺术与特色技能	体育活动	幼儿尝试踩着高跷行走，保持身体平衡，高跷是选用适合幼儿踩踏的竹筒制作，是中国传统工艺	131
36	火眼金睛	艺术与特色技能	体育活动	活动穿插了传统儿歌《孙悟空打妖怪》	139
37	去做客	基本常识	数学活动	小朋友们互相拜访，去别人家做客，邻里之间和谐相处、热热闹闹、走街串巷、拜访他人也是中国传统文化	144
38	忙碌的建筑工地	基本常识	益智活动	幼儿通过活动发现楼房的建造离不开工人的辛勤劳动，只有大家一起努力，才能共同创造美好的社会	148
39	我盖的房子呱呱叫	艺术与特色技能	音乐活动	幼儿通过扮演建筑工学习盖房子，了解中国传统房屋的特点和盖法	149
40	奶奶进城	基本常识	演活动	幼儿热心帮助在城市迷路的奶奶，体现人与人之间的关爱以及中国人热心肠的性格	156
41	四季妈妈的四个娃娃	基本常识	语言活动	幼儿通过故事可以了解到四季的特征和交替顺序，教师可延伸到时令节气	158

（续表）

序号	活动名称	载体	活动形式	文本分析	页码
42	大自然的色彩	基本常识	美术活动	幼儿观察大自然颜色的丰富，感受自然的美丽，萌生对生活和自然的热爱之情	196
43	彩色陀螺	艺术与特色技能	益智活动	探索陀螺的制作方法和色彩变化，可以深入了解中国传统的陀螺制作工艺	200
44	找"帮助"	基本常识	语言活动	幼儿通过故事体会帮助的含义，萌生用力所能及的方式帮助他人的想法，鼓励幼儿在生活中互相帮助，从小事做起，弘扬帮助他人的传统美德	206
45	迷路的小花鸭	艺术与特色技能	音乐活动	通过体会小花鸭的心理感受，并用碰铃、响板、铃鼓等乐器来表现。体验互相关爱，乐于帮助的情感	208
46	说声谢谢	基本常识	语言活动	帮助幼儿了解感恩的意义，把感激表现出来，回馈他人，回报自然，懂得感恩，才会获得更多的成功和温暖	210
47	老人的心愿我知道	基本常识	社会活动	幼儿通过观察老人的生活状态，用心体验老人真实的情感，产生尊敬老人，关爱老人的情感	216
48	慈祥的爷爷奶奶	基本常识	美术活动	幼儿了解重阳节的来历，作画送给爷爷奶奶表达自己的情感，会让孩子、老人都徜徉在美术活动中，萌生对老人的敬爱情感	217
49	给爷爷奶奶敲敲背捶捶腿	基本常识	音乐活动	通过表情和动作表演，用轻柔的肢体动作表达对爷爷奶奶的爱	218
50	快乐口袋	基本常识	美术活动	活动中鼓励幼儿多帮助他人，幼儿良好的人格品质即在坚持与延续的过程中慢慢形成	220

序号	活动名称	载体	活动形式	文本分析	页码
51	小乌龟开店	基本常识	语言活动	幼儿感受帮助动物找到工作后的愉悦心情，产生愿意帮助别人的心愿	252
52	动物猜谜歌	艺术与特色技能	音乐活动	幼儿用接唱和对唱的方式演唱歌曲，按节奏创编谜语歌，并猜谜唱谜	272
53	花鲸鱼	基本常识	语言活动	幼儿通过故事感受角色之间的友情	278
54	真假美猴王	经典篇目	语言活动	幼儿理解故事并对《西游记》感兴趣，知道古代文学作品中有不少关于复制的情节	369
55	孙悟空和孩儿们	经典篇目	体育活动	了解认识孙悟空	371

（六）《幼儿园建构式课程 教师用书 大班 下》

表4-21　载体分析与文本摘录

序号	活动名称	载体	活动形式	文本分析	页码
1	我是谁	基本常识	语言活动	幼儿感受他人对自己的评价，以积极的态度去看待自己	30
2	不认输的小火车	基本常识	音乐活动	体验歌曲中蕴含的不服输精神，萌生勇于克服困难的信心	39
3	胖石头	基本常识	语言活动	知道在生活中，无论是主角、配角，认真努力的表现都值得赞赏。鼓励人们继承向上向善的思想文化内容	40
4	五子棋、跳棋	艺术与特色技能	区域活动	让幼儿自由结伴下棋，培养幼儿做事的坚持性	61
5	上学路线	基本常识	数学活动	愿意与同伴合作完成任务并体验成功的快乐	75

（续表）

序号	活动名称	载体	活动形式	文本分析	页码
6	犟龟	基本常识	美术活动	理解并感受犟龟的毅力以及坚持到底的成功感，能以绘画方式表现犟龟的坚毅精神	105
7	大自然多美好	基本常识	音乐活动	尝试将熟悉的自然现象编入歌词中，表达对大自然的热爱	130
8	快乐的皮影人	艺术与特色技能	音乐活动	了解皮影戏的特点，萌生喜爱民间艺术的情感	213
9	兔子不喜欢夜晚	艺术与特色技能	区域活动	提供一次性筷子、卡纸、台灯等，幼儿制作故事角色粘贴在筷子顶部，将故事角色形象投映在墙上表演影子戏	324
10	亲亲密密全班福	基本常识	美术活动	体验和大家在一起的亲密感，增强集体归属感	451

经整理，《幼儿园建构式课程教师用书》中所涉及的人物有粉刷匠、警察、解放军、仙女、年兽、龙、运动员、新疆维吾尔族人、傣族人、孙悟空、工人、保安；涉及的地域有商店、北京、新疆、建筑工地；涉及的节日有中秋节、新年；涉及的活动有贴窗花、舞龙、影子戏、赏月、升旗、划船、杂技、功夫、跳花竿、捏面人、踩高跷、做客；涉及的物件及食物有鞭炮、烟花、锣鼓、五子棋、铃鼓、钹、春联、中国结、红灯笼、虎头帽、狮子面具、花灯、窗花脸谱、青花瓷、新疆帽、房子、陀螺、皮影、面粉、石磨、年糕、汤圆、火锅、年夜饭、百人糕、馒头、月饼、糯米、小米；涉及的艺术作品有舞曲《蕲竹舞》、汉字、书法、水墨画、藏族舞、《西游记》、皮影戏。

四、《幼儿园完整儿童活动课程》教材文本分析①

（一）《幼儿园完整儿童活动课程 教师用书 小班 下》

表4－22 载体分析与文本摘录

序号	活动名称	载体	活动形式	代表文本	文本分析	页码
1	我的家	基本常识	教师用语	我有一个温暖的家	让幼儿感受爸爸妈妈对自己的关爱	50
2	我妈妈	基本常识	音乐、教学视频	妈妈这么爱你们，你想对妈妈说什么呢	能让幼儿激发爱妈妈、关心妈妈的情感	52
3	妈妈我要亲亲你	基本常识	音乐《妈妈我要亲亲你》	妈妈呀我要亲亲你。亲亲你的额头，摸摸你的眼	能让幼儿感受妈妈和自己之间的感情	54
4	幸福的"叮咚"	基本常识	教师分段讲述故事	饭做好了为什么奶奶却不让妞妞吃？奶奶是怎么说的	让幼儿感受家人之间相互关爱的情感	60
5	爱的相框	基本常识	美术活动	教师出示班级合照，与幼儿一起分享照片中的快乐情景	让幼儿感受家人相聚在一起的甜蜜与快乐	67
6	我的朋友在哪里	基本常识	音乐《我的朋友在哪里》	一二三四五六七，我的朋友在哪里	让幼儿感受和同伴交往的快乐	70

---

① 本套书中《幼儿园完整儿童活动课程 教师用书 小班 上》《幼儿园完整儿童活动课程 教师用书 大班 上》未纳入分析范畴。

序号	活动名称	载体	活动形式	代表文本	文本分析	页码
7	手拉手在一起	基本常识	美术活动	幼儿使用美术材料包添画相应玩耍背景，装饰画面	能让幼儿感受朋友之间相亲相爱的氛围	79
8	抱抱团	基本常识	教师用语	幼儿和教师一起边念儿歌边游戏，教师发出不同的信号	能让幼儿愿意抱抱同伴，体验与同伴一起游戏的快乐	87
9	春游的路上	基本常识	教师用语	教师随机调整红绿灯，并引导幼儿往地上的斑马线处行进	能让幼儿体验安全行车的规则，对促进社会和谐有启发萌芽作用	108
10	春游	基本常识	教师用语	教师引导幼儿围绕"我发现了春天"展开谈话	能让幼儿感受大自然的美，欣赏大自然，热爱大自然	110
11	春天里	基本常识	音乐《春天里》	春天里太阳眯眯笑，春天里青蛙呱呱叫	能让幼儿体验感受大自然的美，欣赏热爱大自然	112
12	放风筝	艺术与特色技能	绘本《放风筝》	教师与幼儿共读绘本，教师：猫爸爸和小猫在放什么风筝？香蕉风筝是谁放的呢	能让幼儿感受在春天放风筝的快乐情感，产生对春天的喜爱之情	116
13	画	经典篇目	五言古诗《画》	远看山有色，近听水无声。春去花还在，人来鸟不惊	能让幼儿感受五言古诗的节律，丰富多彩的中华文化	159

（续表）

序号	活动名称	载体	活动形式	代表文本	文本分析	页码
14	导盲犬	基本常识	导盲犬的图片、游戏过程中	出示导盲犬忠忠的图片，了解忠忠是怎么帮助盲人的	能让幼儿产生对盲人的关爱之情，萌发愿意去帮助他人的感情	161
15	下雨啦	基本常识	美术活动	幼儿自由选择工具和颜料，表现不同的雨景	能让幼儿通过绘画表达雨景的情趣，表达对大自然的热爱	204
16	星星找朋友	基本常识	音乐《找朋友》	找呀找呀找朋友，找到一个好朋友，敬个礼呀握握手，你是我的好朋友	能让幼儿乐意参与集体游戏，感受与同伴游戏的快乐	250
17	小手不能揉	基本常识	儿歌	小手小手不能揉，我来轻轻吹一吹	能让幼儿从小养成良好的卫生习惯，对未来社会和谐发展有启发萌芽作用	324
18	和妈妈一起玩游戏	基本常识	游戏活动过程中	游戏：保护小宝贝、抢垫子、捕鱼、搭桥过河	能让幼儿产生和妈妈积极游戏的快乐情感，加深对妈妈的爱	328

（二）《幼儿园完整儿童活动课程 教师用书 中班 上》

表4－23　载体分析与文本摘录

序号	活动名称	载体	活动形式	代表文本	文本分析	页码
1	我们到你家去敲门（一）	基本常识	教师用语	看来你们都是有礼貌的孩子，知道去朋友家做客时要先敲门再进屋	能让幼儿在音乐和游戏中养成懂礼貌的好习惯	61

（续表）

序号	活动名称	载体	活动形式	代表文本	文本分析	页码
2	奇妙小人	基本常识	美术活动	幼儿互相合作，根据自己的想象，大胆创意表现人物的五官、发型、服饰等	能让幼儿乐意与同伴合作制作手工，体验成长的自豪感	68
3	我力气大了	基本常识	教师用语	活动室里的东西太多了，我们把东西集中放在纸箱里，谁来帮老师把这个纸箱搬到新活动室	能让幼儿学会互相鼓励帮助、相互合作	70
4	让我自己来吧	基本常识	儿歌《让我自己来吧》	妈妈说："小猴快来吃果子！""树上的果子更新鲜，让我自己去摘吧！"	能让幼儿体会自己的事情要自己做，为自己的成长感到自豪	74
5	我做哥哥了	基本常识	绘本《我做哥哥了》	妈妈夸壮壮是个好哥哥，还在壮壮头上亲了三下。壮壮心里乐滋滋的，他想：做哥哥虽然有烦恼，可也很有趣啊！	能让幼儿产生作为哥哥姐姐的责任感，能换位思考，更爱自己的弟弟妹妹	81
6	我是值日生	基本常识	儿歌《值日生》	"太阳出来眯眯笑，值日生呀来得早……玩具图书放整齐，再给花儿把水浇。小朋友们眯眯笑，今天的值日生真正好。"	能让幼儿体验劳动的快乐，产生光荣的自豪感	88

（续表）

序号	活动名称	载体	活动形式	代表文本	文本分析	页码
7	我来帮助你	基本常识	教师用语	教师提示小班弟弟妹妹遇到的问题，激起幼儿帮助的欲望	能让幼儿产生做哥哥姐姐的自豪感和责任感	90
8	我帮爷爷敲敲背、捶捶腿	基本常识	音乐《我给爷爷奶奶敲敲背、捶捶腿》、教师用语	老爷爷走累了，腿也酸了，背也疼了。小朋友该怎么做呢？我们一起给爷爷敲敲背、捶捶腿，让爷爷休息一下吧	能让幼儿在生活中懂得照顾老人，尊敬关爱老人	92
9	谷物贴画	经典篇目	儿歌《悯农》	锄禾日当午，汗滴禾下土。谁知盘中餐，粒粒皆辛苦	能让幼儿懂得粮食的珍贵，知道要珍惜粮食，不浪费食物，还能感受秋天谷物丰收的喜悦	111
10	神奇饺子	艺术与特色技能	教师用语	幼儿独立包饺子，鼓励每人包两三个饺子	能让幼儿学会包饺子，感受劳动的快乐	125
11	稻谷	基本常识	活动过程中	幼儿自由观察稻谷、米和米粉，初步感觉这三种物品的特征	能让幼儿认识了解南方主要的粮食作物，知道并懂得珍惜粮食的重要性	176
12	丰收的舞蹈	基本常识	音乐《拍大麦》	听《拍大麦》的音乐，按节奏拍手，初步感受音乐旋律	能让幼儿通过音乐的形式体验粮食丰收的喜悦之情	179

序号	活动名称	载体	活动形式	代表文本	文本分析	页码
13	摘果子	基本常识	教师用语	今天摘了这么多果子，我们庆祝一下吧，我们把果子送给小班的弟弟妹妹吃吧	能让幼儿感受秋天水果丰收的喜悦之情	182
14	静夜思	经典篇目	古诗《静夜思》	床前明月光，疑是地上霜。举头望明月，低头思故乡	能让幼儿欣赏古诗的韵律美，感受诗人思念故乡的情感	188
15	不怕冷的人	基本常识	教师用语	冬天来了，天气很冷，可是还有许多人不怕冷，坚持早起，有的还在室外工作呢	能让幼儿产生不怕寒冷，早睡早起，勇敢尝试，克服困难的情感	305
16	宝宝不怕冷	基本常识	音乐《宝宝不怕冷》	北风北风呼呼呼，雪花雪花飘飘飘，小手小手搓搓搓，天天锻炼身体好	能让幼儿产生喜欢锻炼身体的情感，知道身体棒是抵御寒冷的办法	310
17	我的运动记录	基本常识	教师用语	教师引导幼儿记录自己刚才尝试的拍球方法，并鼓励幼儿尝试各种各样新的拍球方法	能让幼儿敢于尝试和挑战，有克服困难的信心和勇气	322

序号	活动名称	载体	活动形式	代表文本	文本分析	页码
18	动物建筑师	基本常识	教师用语	你们真了不起，造房子的过程中会遇到各种问题，你们都动脑筋自己解决了	能让幼儿在问题情境中收获解决问题的满足感	421
19	我能一个人睡	基本常识	家园共育	教师要做好家园共育，建议家长在家创设让孩子独睡的条件，鼓励幼儿坚持独睡，对于敢一个人独自睡觉的幼儿教师给予肯定鼓励并进行奖励	能让幼儿了解黑夜并不可怕，敢于尝试自己一个人睡，培养幼儿独立自主，坚强坚韧的品格	444
20	早睡早起身体好	基本常识	教师用语	我们应该什么时候睡觉和起床，每天需要睡多少时间	能让幼儿知道早睡早起对身体有好处，逐步养成良好的作息习惯	445
21	学做值日生	基本常识	教师用语、活动过程	观察值日生标志牌，说说它是干什么用的	能让幼儿了解值日生的工作内容，愿意为大家服务和劳动，产生爱劳动的情感	446

（三）《幼儿园完整儿童活动课程 教师用书 中班 下》

表4-24 载体分析与文本摘录

序号	活动名称	载体	活动形式	代表文本	文本分析	页码
1	家乡的桥	基本常识	教师用语	教师：请你为家乡设计一座你喜欢的桥	让幼儿萌发对家乡祖国的热爱之情	58

序号	活动名称	载体	活动形式	代表文本	文本分析	页码
2	捡拾垃圾	基本常识	教师用语	我们生活中有很多垃圾，垃圾会污染环境，今天我们要当环保小卫士，把幼儿园小区里的垃圾捡拾干净	让幼儿产生爱护环境，保护环境的情感	64
3	邻居，你好	基本常识	拍手歌	你拍一我拍一，我们都是好邻居。你拍二我拍二，邻居见面笑一笑	让幼儿学会礼貌用语，敢于大胆地和邻居打招呼	73
4	家乡的特产	基本常识	游戏：我是小导游	美丽的××是我的家，远方的朋友请来吧，我来当你小导游	让幼儿萌发对家乡的热爱之情	86
5	外婆桥	艺术与特色技能	儿歌《外婆桥》	摇啊摇，摇到外婆桥，外婆叫我好宝宝	让幼儿从歌曲中感受和外婆之间浓浓的亲情	90
6	学做消防员	基本常识	教师用语	教师：消防员救火需要用到云梯，今天，我们就来试一试，怎么过云梯	让幼儿体验当消防员的自豪感	189
7	天热我不怕	基本常识	教师用语	这么热的天谁还需要坚持在户外工作	让幼儿萌发尊敬关心在炎热夏天辛勤劳动的人的情感	251
8	后羿射日	人文典故	神话故事《后羿射日》	很久很久以前，东方天帝有十个太阳儿子	让幼儿了解神话故事，对中国传统神话故事感兴趣	259

(四)《幼儿园完整儿童活动课程 教师用书 大班 下》

表4-25　载体分析与文本摘录

序号	活动名称	载体	活动形式	代表文本	文本分析	页码
1	江南春	经典篇目	古诗《江南春》	千里莺啼绿映红，水村山郭酒旗风。南朝四百八十寺，多少楼台烟雨中	理解古诗中的江南春色，感受古诗简洁、优美、夸张和意境隽永的特点	58
2	漫游地球村	基本常识	活动过程	地球村让世界各地的小朋友的距离更近了，无论肤色、种族，大家都是地球村的一分子	欣赏各国文化，萌发全人类和平共处的愿望	61
3	沙漠里的树	基本常识	活动过程	如果在沙漠里面种很多的树，它就会变成生机勃勃的绿洲	萌生人与自然和谐相处的美好愿望	71
4	越来越多和越来越少	基本常识	活动过程	当这些东西变得越来越多时，哪些东西变得越来越少了呢	尝试改变日常生活中的不良习惯，用实际行动来保护人类的居住环境	73
5	我和你	艺术与特色技能	音乐《我和你》	我和你，心连心，同住地球村	了解奥运会及其主题曲《我和你》，萌发热爱和平的美好愿望	
6	小动物学本领	艺术与特色技能	故事《小动物学本领》	请小朋友把不同的字卡与相应的小动物匹配起来	感受拟声词和人称称谓词发音的特点，萌发对汉字发音的兴趣	127

（续表）

序号	活动名称	载体	活动形式	代表文本	文本分析	页码
7	女娲造人	人文典故	神话故事《女娲造人》	你知道最早的人类是怎么来的吗	了解女娲造人的历史，感受女娲用自己的辛勤劳动创造人类的美好品质；初步了解神话故事特点，领略中国古代神话故事的美好情境	168
8	望庐山瀑布	经典篇目	古诗《望庐山瀑布》	日照香炉生紫烟，遥看瀑布挂前川，飞流直下三千尺，疑是银河落九天	听赏古诗，感受诗人笔下庐山瀑布的美丽壮观景象	199
9	国宝熊猫	艺术与特色技能	大师吴作人的《熊猫爬石》	画家吴作人爷爷用浓淡相间的墨画了熊猫、竹子、大石头	尝试用水墨绘画熊猫，知道熊猫是濒危动物之一，萌发关爱保护熊猫的意识	238
10	动物拓印	艺术与特色技能	绘本《花格子大象艾玛》《鱼是鱼》	幼儿取一张宣纸覆盖在涂好颜料的吹塑板上	尝试用中国非遗"拓印"的方法表现各种动物，感受拓印画的魅力与乐趣	254
11	向小孔雀学跳舞	艺术与特色技能	傣族舞、音乐《小孔雀，告诉你》	这是一首傣族歌曲，我们可以用上哪些傣族舞动作	结合傣族舞的动作表现歌曲，充分体验傣族歌舞欢快的风格	258
12	感谢	基本常识	活动过程	你们想对照片里的人说句什么话来表示感谢呢	对同伴与教师产生感谢之情	284

序号	活动名称	载体	活动形式	代表文本	文本分析	页码
13	祝福信	基本常识	活动过程	将祝福记录下来，能将祝福收藏起来	记录自己对他人的祝福，体验相互关爱的友好情感	298
14	贴人	艺术与特色技能	贴人游戏	一名幼儿追，一名幼儿跑，跑的幼儿可自由贴在任意幼儿的前面或者后面	贴人是中国传统的小游戏——贴膏药，不仅增强合作意识，更是对传统游戏的传承	441
15	踢毽子	艺术与特色技能	踢毽子	用脚背、脚侧分别踢起毽子，并用双手接住毽子	传承中华传统游戏——踢毽子，感受其中乐趣	442
16	抗洪抢险	基本常识	情境游戏	模仿解放军叔叔和消防员叔叔等抗洪抢险垒堤坝	对抗洪救险的解放军叔叔和消防员叔叔们表达敬佩之情	445

经整理，《幼儿园完整儿童活动课程　教师用书》中所涉及的人物有花匠、交通警察、面包师、邮递员、消防员、后羿、女娲、吴作人、解放军；涉及的地域有家、人行道、河；涉及的物件及食品有水墨画、稻谷、米、米粉、毽子；涉及的艺术作品有古诗《画》《悯农》《静夜思》《江南春》《望庐山瀑布》，以及童谣《外婆桥》。

◎第五章　中华优秀传统文化进幼儿教材的知识图景

　　笔者拟以幼儿教材的教师用书为观察点，考察现阶段幼儿园中华优秀传统文化的知识图景，从而了解幼儿园传统文化教育的活动样态。上一章解读了四大主流幼儿教材的教师指导用书中中华优秀传统文化载体及文本，现对其知识存量、结构样态以及功能价值进行整理与分析。

一、中华优秀传统文化知识存量

　　根据 7 大类别所对应的教育活动，4 个版本的幼儿园教师用书涉及的活动以及知识或场域整理如表 5 - 1 所示。其中，涉及革命传统文化以及本土资源及场域的活动也收录其中。鉴于 9 个版本幼儿园教师用书主题活动的相似度较高，研究假设此 4 个版本的主流幼儿园教师用书能作为代表，并依此解释幼儿园开展中华优秀传统文化教育的可能性与科学性，考察目前在学前教育阶段，呈现了什么样的中华优秀传统文化知识体系与结构样态。

表5-1　4种版本中华优秀传统文化知识汇总表

载体	活动名称	涉及的知识或场景
基本常识	敲锣打鼓放鞭炮、我爱天安门、五星红旗升起来、月亮船、各族人民心连心、国庆前夕、国庆真热闹、我是哥哥姐姐、奥运雕塑、今年是猪年、我从哪里来、国歌嘹亮、学做小警察、只吃一勺饭、盘子里的豆奶没有了、幼儿用左手持筷行吗？这件事情该谁做？有魔力的话、下次真的不哭了、老师早、爱哭的露露、采访老师、有人在捣乱、小帮手、过节了、给娃娃送糖果、宝贝罐、小树叶找妈妈、拉拉手、找朋友、新年好、招待客人、节日快乐、朋友多又多、找春天、我的家、花灯、全家福、送给妈妈的礼物：漂亮的小包、顽皮的小猴、懒惰虫、月亮婆婆喜欢我、美丽的窗花、哪个月过生日的朋友多、我从哪里来、请你看看我是谁、勤快人和懒惰人、悄悄话、我的好妈妈、帅气的爸爸、分苹果、分水果、爱心月历、新年礼盒有几盒、礼物送哪里、我是哥哥姐姐啦、礼貌歌、爵士进行曲、国旗多美丽、带着弟弟妹妹一起玩、新年联欢会、过大年、鸭蛋网、全家福、挂灯笼、走马灯、舞龙灯、除夕、拜年、元宵节逛灯会、端午节、元宵节的故事、美丽的花灯、元宵节真快乐、生活中的节气、包元宵、猜猜我有多爱你、妈妈我爱你、爸爸你真棒、娃娃志愿者、爱心包裹、爱的传递、我的家、快乐的元宵节、团团圆圆中秋节、年来了、大家来拜年、我们到你家去敲门（一）、月饼圆圆、新年、新年带着幸福来、新年吉祥物、团团圆圆年夜饭、恭喜恭喜、我是中国小娃娃、兄弟姐妹是一家、去做客、说声谢谢、慈祥的爷爷奶奶、亲亲密密全班福	天安门、国旗、共产党、人民、东方、中国、家乡、56个民族、国庆节、哥哥、姐姐、弟弟、妹妹、爷爷、奶奶、北京奥运会、体育运动项目、金牌、猪年，生宝宝、马路、交警、饭、豆奶、筷子、礼貌、小帮手、新年、娃娃、糖果、妈妈、粥、客人、礼物、时令、节气、元宵节、懒惰、月亮婆婆、窗花、爸爸、年历、碰铃、圆舞板、铃鼓、彩色礼炮、红旗、陆军、海军、空军、藏族、火把节、彝族、端午节、全家福、挂灯笼、走马灯、舞龙灯、除夕、拜年、屈原、秦王、春节、元宵、年兽来了、维吾尔族民歌

载体	活动名称	涉及的知识或场景
科技成就	航天科学家有功劳、童涵春中药店、中草药	航天科学家、航天发射中心、艰苦奋斗、明朝、大夫李时珍、《本草纲目》、中草药、中药店
经典篇目	古代故事、天宫音乐会、春晓、元日、画、谷物贴画、静夜思、江南春、望庐山瀑布、真假美猴王、火眼金睛	《司马光砸缸》、《曹冲称象》、西游记、竹板、腕铃、二郎神、孙悟空、《春晓》、《元日》、《画》、《悯农》《外婆桥》、《静夜思》、《望庐山瀑布》、孙悟空
人文典故	赛龙舟、汉字的故事、夫子庙里逛一逛、外婆桥、后羿射日、中华龙、有趣的汉字、聪明的阿凡提	龙舟、汉字、仓颉造字、孔子、文德桥、后羿、龙、阿凡提
艺术与特色技能	吃火锅、做元宵、新年树、大中国、老鼠娶新娘、泥娃娃拜年、十二生肖、印章、京剧脸谱、中国功夫、保健茶、会吐丝的蚕、中国博物馆、长长的面条、红绸舞、图形灯笼、扇子、竹子与竹制品、做小书、大馒头、对称的脸谱、做陀螺、大中国、苹果送给老师尝、我们一起做月饼、京剧脸谱、染纸、少数民族服饰、中国民间剪纸、农民画、贺年卡、贴窗花、踩高跷、看三幅图编应用题、印花布、数包子、茶叶、包饺子、捏面人、花好月圆、戏说脸谱、锄草、龟兔赛跑、闹花灯、舞龙、中国结、水墨画、笋林、小鸟天堂、丝瓜、香香的茶、舞狮、筷子总动员、影子、神奇饺子、国宝熊猫、踢毽子、做个狮子舞起来、花灯会、红窗花、红火锅、包饺子、福气糕、欢腾的龙、百人糕、会变的影子、花瓣儿风车、鼓儿变变变、纸棍造型、做馒头、中国功夫、京剧脸谱、青花瓷、青花瓷瓶、北京的金山上、欢迎你到新疆来、跳花竿、大中国（二）、民族服装真漂亮、欢乐总动员、舞长龙、新疆帽、踩高跷、彩色陀螺、五子棋、跳棋、快乐的皮影人、兔子不喜欢夜晚	火锅、元宵、剪纸、歌曲《大中国》、民间童谣《老鼠娶新娘》、惠山泥人、十二生肖、印章、京剧、脸谱、功夫、武术、五步拳、茶、茶具、丝绸、敲锣、打鼓、放鞭炮、面条、彩灯、绸带、手绢、纱巾、游园会、麻团、饼干、蛋卷、扇子、粘贴、打孔、穿线、别针、馒头、陀螺、朝鲜、月饼、陶罐、青花瓷、宣纸、贺年卡、窗花、高跷、花灯、中国结、包子、丝绸、茶叶、北方、饺子、捏面人、打击乐器、窦尔敦、关公、战场、豫剧《锄草》、龙、竹子、年糕、筷子、皮影戏、画家吴作人、熊猫、竹子、毽子、风车、新疆、傣族、跳花竿、踩高跷

载体	活动名称	涉及的知识或场景
其他文化遗产	石磨、日晷、拨浪鼓、城门城墙、唐装、自制小水车、小小竹排、小狗抬花轿、动物拓印	豆浆、日晷、拨浪鼓、城门城墙、唐装、水车、竹排、花轿、拓印
革命历史	领导人在谈论什么呢、有趣的沙坦克、国歌嘹亮、我是小小兵、学做小小兵、这是小兵、长大要当解放军、男儿当自强、中国人民解放军进行曲、中山陵	中央委员会会议、中央领导、坦克、歌曲《义勇军进行曲》、金牌、运动员、升旗仪式、解放军叔叔、武警叔叔、木枪、军装、孙中山
本土地域资源	参观中国展览馆、跟我去旅行、战胜沙尘暴、抗洪救灾、车轮滚滚、去乡村、种植萝卜、收获蚕豆、莲和藕、丰收的季节、种瓜点豆、我爱北京天安门、我们去耕种、绿色的城市、爱惜粮食、我是文明小乘客、家乡的桥、抗洪抢险、红灯绿灯、月亮船、颁奖台上、竹、娃娃游中国、小小旅行家	北京、长沙、黄河、上海、金山农民画、沙尘暴、医院、幼儿园、办公楼、工地、灾区、庄稼、农村、农民、种植、饲料、萝卜、蚕豆、荷花、莲藕、莲蓬、莲子、木刻画、红高粱种子、天安门、银行、商店、医院、粮食、桥、红灯绿灯、马路、运动员、高山、激流、独木桥

在表 5-1 的基础上，根据知识的类型再次整理，划分为抽象词、人物、节日、习俗及技艺、饮食、物件、人文典故与艺术、其他文化遗产、革命文化和本土场域及其他 10 个类别，具体内容如表 5-2 所示。

表 5-2　4 种版本教材蕴含的中华优秀传统文化知识分类表

类别	内容	数量
抽象词	56 个民族、东方、中国、家乡、礼物、龙、北方、明朝、维吾尔族、藏族、彝族、朝鲜族、新疆、傣族、《本草纲目》、中草药、中药店、汉字、龙、熊猫、全家福	20
人物	爸爸、妈妈、哥哥、姐姐、弟弟、妹妹、爷爷、奶奶、娃娃、客人、屈原、秦王、李时珍、司马光、曹冲、仓颉、孔子、后羿、阿凡提、窦尔敦、关公、农民、孔子、阿凡提、孙悟空	25
节日	国庆节、元宵节、端午节、除夕、春节、火把节、节气（24 个）、中秋节	31

（续表）

类别	内 容	数量
习俗及技艺	剪纸、惠山泥人、功夫、武术、五步拳、打鼓、放鞭炮、打孔、穿线、捏面人、挂灯笼、走马灯、舞龙灯、拜年、敲锣、游园、跳花竿、踩高跷、种植	19
饮食	粥、饭、元宵、火锅、面条、茶、饺子、莲藕、莲蓬、莲子、红高粱、粮食、麻团、饼干、蛋卷、包子、豆浆、年糕、月饼、糖果、馒头、萝卜、蚕豆	23
物件	十二生肖、印章、京剧、脸谱、茶具、丝绸、彩灯、绸带、手绢、纱巾、扇子、别针、陀螺、陶罐、青花瓷、宣纸、贺年卡、窗花、高跷、花灯、中国结、打击乐器、竹子、筷子、皮影戏、竹子、毽子、风车、龙舟、窗花、年历、圆舞板、铃鼓、竹板、腕铃	35
人文典故与艺术故事	故事《司马光砸缸》《曹冲称象》《西游记》，古诗《春晓》《元日》《画》《静夜思》《望庐山瀑布》，儿歌《悯农》《外婆桥》，民间童谣《老鼠娶新娘》，豫剧《除草》，以及维吾尔族民歌、仓颉造字、文德桥、舞曲《蕲竹舞》	15
其他文化遗产	日晷、拨浪鼓、城门、城墙、唐装、水车、竹排、花轿、拓印、金山农民画、荷花木刻画	11
革命文化	中央委员会议、中央领导、坦克、歌曲《义勇军进行曲》、解放军叔叔、武警叔叔、木枪、军装、孙中山、彩色礼炮、战场	11
本土场域及其他	天安门、国旗、升旗仪式、共产党、人民、红旗、陆军、海军、空军、北京、长沙、黄河、上海、沙尘暴、医院、幼儿园、办公楼、工地、灾区、庄稼、农村、银行、商店、桥、红灯绿灯、马路、高山、激流、独木桥、画家吴作人、航天科学家、航天发射中心、北京奥运会、体育运动项目、金牌	35
合 计		226

二、中华优秀传统文化知识功能

总体来看，幼儿园教师用书中涉及的中华优秀传统文化知识总量很少，且以节日、习俗及相关物件为主。所有的知识及场域指向是作为一种特殊的存在，所指的对象是作为一种特殊的对象被幼儿理解与接受，而不是作为幼儿生活的有机组成部分。在此教育情景中，相应的教育实践作为一种"特殊的"、"记忆式的"或"例外的"的"文化"，有可能不能转化成幼儿个体成长过程中的有机养分。

根据 2021 年教育部 1 号文件《中华优秀传统文化进中小学课程教材指南》中界定的标准，基本常识包括"在传统社会形成的且构成中华民族文化基因的基本知识，如时令节气、称谓礼仪、传统节日、风俗习惯等"；而以上教师用书中涉及的相关内容主要围绕"国庆节、元宵节、端午节、除夕、春节"等节日的饮食、习俗展开，时令节气略有提及，但不够详尽，未能结合更多的生活事件予以学习和实践。

需要特别指出的是，所有版本基本没有涉及传统的称谓以及礼仪，且在其他的活动中基本上以"你好"作为社会礼仪技巧的全部，过于简单。而我国古代蒙学教材《弟子规》就儿童行为及礼仪就做出了翔实而具体的规定，从而塑造出了儿童生活的行为样本。以其中关于"孝"的日常行为的文本为例：

> 父母呼，应勿缓。父母命，行勿懒。父母教，须敬听。
> 父母责，须顺承……晨则省，昏则定。出必告，反必面。

儿童的"孝"的行为从日常生活的点滴开始，父母"呼""命""教""责"都有相应的要求，"离家""归家"也有相应的流程。除开如何践行"孝"这个家庭伦理核心，《弟子规》中还详尽列举了儿童日常作息、健康、服饰、仪态等规则的知识，文本如下：

> 朝起早，夜眠迟。老易至，惜此时。晨必盥，兼漱口。便溺回，辄净手。

冠必正，纽必结。袜与履，俱紧切。置冠服，有定位。勿乱顿，致污秽。

……

步从容，立端正。揖深圆，拜恭敬。勿践阈，勿跛倚。勿箕踞，勿摇髀。

缓揭帘，勿有声。宽转弯，勿触棱。执虚器，如执盈。入虚室，如有人。

《弟子规》比较完整地展现了儿童日常行为规范，有些行为及要求细致入微，如"缓揭帘""勿触棱"，"执虚器，如执盈"，着实是全方位地在严格要求塑造一个个端正从容的中华童子形象。再如《太公家教》：

得人一牛，还人一马，往而不来，非成礼也。

其父出行，子须从后；路逢尊者，齐脚敛手；尊人之前，不得唾地；尊人赐酒，必须拜寿；尊人赐肉，骨不与狗；尊者赐果，怀核在手，苦也弃之，为礼大丑。对客之前，不得垂涕，亦不漱口。

"往而不来，非成礼也"用常见的"牛"与"马"来诠释，出门在外的待人接物与日常生活也具体化到"敛手""唾地""拜寿""赐肉""赐果""怀核""垂涕""漱口"等内容。

新时代的中华幼儿应该是一个什么样的童子形象？可能大部分幼教工作者更多关注"性格开朗、充满好奇心、友好"等关键词，却忽略了这些关键词更多是与先天的基因与禀赋相关，属于先天气质的范畴，而不是属于性格塑造与价值赋形，因而很少从本土或民族的视角思考幼儿应有的行为约束与价值选择。幼儿应知晓和习得什么样的礼仪规范？绝不是作为样板戏式的汉服表演，而是真正习得并实践传统文化的生活礼仪，这需要有更多翔实具体的内容——尽管"问候"是礼仪的重要组成部分，但未能在传统文化的基础上勾勒出应有的中华幼儿形象——事实上，对于这个问题，学前教育界未达成共识，在强调遵循以儿童为中心的过程中，已经在逐渐忘却了本土文化的诉求，这个重大主题有待学界探讨。

《中华优秀传统文化进中小学课程教材指南》中界定，艺术与特色技能指"民族性、地域性特征非常鲜明的技能、技巧与艺术。包括以满足精神生活需要为主的技能、技艺，如书法、音乐、舞蹈、戏曲等，以手工劳动为主的技能、技巧，如烹饪、刺绣、剪纸、雕刻等，以身体运动能力为主的技能、技巧，如传统体育、武术、杂技、游艺等"。如表 5 - 2 所示，教师用书中均有涉及，部分活动要求指导幼儿完成，如剪纸、水墨画、戏曲等，在幼儿园，类似的活动也会组织开展。

但是，在此应考虑到优秀传统文化的传承与发展，即在"有"的基础上，是作为文化遗产呈现，还是作为具体的任务指导幼儿学习与制作？要达到"传承"的目的，需要真正成为生活的一部分。幼儿园的部分节日活动似乎更多是作为"欣赏性的"，而不是将其作为一日生活的常规要求，这样的"传承"，将难以达到预期的教育效果。

图 5 - 1 长沙市大型儿童乐园盘小宝橱窗内展示的公主服

注：图 5 - 1 为湖南省某市大型儿童游乐园展示的公主裙，幼儿对此类服装有更多的认同，是西方公主裙的粉丝，而 30 多年前，公主裙并不为我国的幼儿所熟悉，故也谈不上喜爱，甚至会有"白色"为孝服的集体无意识的禁忌。

图 5 - 2　长沙市大型儿童乐园盘小宝，幼儿们被女巫装扮的主持人所吸引

注：园内幼儿被西方女巫装扮的主持人所吸引，可以推测，复活节这类的西方习俗活动在今后一段时间可能仍然受到年轻人的追捧。

　　人物与人文典故与艺术数量很少。如，"人物"知识中，涉及的历史人物仅有屈原、秦王、李时珍、司马光、曹冲、仓颉、孔子、后羿、窦尔敦、关公、孔子11人；提及的人文典故仅有司马光砸缸、曹冲称象、仓颉造字、文德桥4个，人文典故是最重要的文化载体，我国古代的蒙学教材中的人文典故是丰富的，《三字经》以"自羲农，至黄帝"为始，介绍了所有的朝代；《龙文鞭影》《幼学琼林》介绍的历史事件及人物2000个以上。作为基础的蒙学识字教材，《三字经》的1000余字中，共提及了55个人物及其事件，具体人物与事件见表5-3。这些人物身份不一，包括帝王19位、学问大家15位、读书人9位、幼童4位、艺术家1位，家长2位，其他类型5位；从人物所涉及的事件来看，以朝代更迭、经典书目、孝行义举、勤学典范为主，都属于个体幼年时期可以知晓并理解的内容。

表 5 - 3　《三字经》人物及事件明细表

序号	人物	事件
1	孟子母亲	孟母三迁、孟子逃学
2	窦禹钧	教子有方，五个儿子科举成名

序号	人物	事件
3	黄香	九岁时以身暖被来孝敬父亲
4	孔融	四岁时让梨给哥哥
5	孟子	孟轲作《孟子》
6	子思	子思《中庸》
7	曾子	曾子作《大学》
8	周公	周公作《周礼》
9	戴德	整理并且注释《礼记》
10	戴圣	整理并且注释《礼记》
11	公羊高	公羊高著《公羊传》
12	左丘明	左丘明著《左传》，向神童学习
13	谷梁赤	谷梁赤著《谷梁传》
14	荀子	著书
15	扬子	著书
16	文中子	著书
17	老子	著书
18	庄子	著书
19	伏羲氏	上古时代的皇帝
20	神农氏	上古时代的皇帝
21	黄帝	上古时代的皇帝
22	唐尧	尧把帝位传给才德兼备的舜
23	虞舜	舜把帝位传给才德兼备的禹
24	禹	夏朝开国君主
25	汤	商朝开国君主
26	文王	周朝的开国君主
27	武王	周朝的开国君主
28	纣王	商纣王时，商朝灭亡

（续表）

序号	人物	事件
29	汉高祖	汉高祖建立汉朝
30	王莽	王莽篡权，改国号为新，天下大乱
31	汉献帝	汉献帝时东汉灭亡
32	宇文觉	西魏被宇文觉篡位，建立北周
33	高洋	东魏被高洋篡位，建立北齐
34	唐高祖	李渊起兵反隋，建立唐朝
35	赵匡胤	赵匡胤接受后周禅让的帝位，建立宋朝
36	朱元璋	朱元璋长久南征北战
37	崇祯	崇祯在煤山自尽，明朝灭亡
38	努尔哈赤	清太祖努尔哈赤建立政权，征战四方
39	项橐	孔子曾向鲁国神童项橐学习
40	赵普	赵中令官至中书令，但仍读《论语》
41	路温舒	因买不起书把文字抄在蒲草上阅读
42	公孙弘	因买不起书把春秋刻在竹片上学习
43	孙敬	读书时将头发拴到屋梁上，防打瞌睡
44	苏秦	读书疲倦时用锥子刺大腿
45	车胤	将萤火虫放在纱袋以照明读书
46	孙康	用积雪的反光照明读书
47	朱买臣	砍柴为生，边担柴边读书
48	李密	放牛时把书挂在牛角上，有时间就读
49	苏洵	二十七岁努力读书成大学问家
50	梁灏	八十二时考中状元
51	祖莹	八岁能吟诗，当了秘书监著作郎
52	李泌	七岁时以"下棋"为题作诗
53	蔡文姬	能辨别琴声好坏
54	谢道韫	能出口成诗
55	刘晏	神童，七岁做官

《千字文》中提及了29个人物及其事件（表5-4），根据人物的身份进行分类，帝王8位，文臣武将10位，发明家5位，美人2位，学问大家2位，其他2位。从人物所涉及的事件来看，以人物特点及其关键性代表事件为主。

表5-4 《千字文》人物及事件明细表

序号	人物	事件	原文
1	仓颉	创造文字	始制文字，乃服衣裳
2	嫘祖	制作衣裳	始制文字，乃服衣裳
3	唐尧	英明无私，主动让给贤人	推位让国，有虞陶唐
4	虞舜	英明无私，主动让给贤人	推位让国，有虞陶唐
5	周武王姬发	安抚百姓，讨伐暴君	吊民伐罪，周发殷汤
6	商君成汤	安抚百姓，讨伐暴君	吊民伐罪，周发殷汤
7	齐桓公	九次会合诸侯，出兵援助小国	桓公匡合，济弱扶倾
8	晋献公	向虞国借路消灭虢国	假途灭虢
9	晋文公	在践土与诸侯会盟，推为盟主	践士会盟
10	萧何	制定九律	何遵约法
11	韩非子	韩非受酷刑	韩弊烦刑
12	秦将白起	名将	起翦颇牧，用军最精，宜威沙漠，驰誉丹青
13	秦将王翦	名将	起翦颇牧，用军最精，宜威沙漠，驰誉丹青
14	赵将廉颇	名将	起翦颇牧，用军最精，宜威沙漠，驰誉丹青
15	赵将李牧	名将	起翦颇牧，用军最精，宜威沙漠，驰誉丹青

（续表）

序号	人物	事件	原文
16	大禹	大禹治水	九州禹迹
17	孟子	崇尚纯洁	孟轲敦素
18	子鱼	史官子鱼秉性刚直	史鱼秉直
19	王充	热爱读书	耽读玩市，寓目囊箱
20	吕布	擅长射箭	布射僚丸
21	宜僚	弄丸的绝活	布射僚丸
22	嵇康	善于弹琴	嵇琴阮啸
23	阮籍	能撮口长啸	嵇琴阮啸
24	蒙恬	造毛笔	恬笔伦纸
25	蔡伦	造纸	恬笔伦纸
26	马钧	制造水车	钧巧任钓
27	任公子	垂钓大鱼	钧巧任钓
28	毛嫱	貌美，皱眉也像浅笑	毛施淑姿，工颦妍笑
29	西施	貌美，皱眉也像浅笑	毛施淑姿，工颦妍笑

《三字经》与《千字文》被历代学者公认为是明清儿童基础性的识字教材，虽均只有短短一千多字，但其中展现的人物数量之丰富、人物角色之繁杂、所涉事件之新奇令人叹为观止，基本上3~8个字就言说了一个人物及事件。虽然只是以关键词予以呈现，但也描绘出了人物的关键性特征或形象特征，极大程度地向儿童呈现了经义、历史、人文、礼仪、审美、劳作等各类知识，是传承本土文化的经典之作。但即使是家喻户晓的经典，其内容也未被纳入幼儿园保教活动，幼儿对传统文化的人物与事件基本不了解，而对全球流行的"变形金刚"与"奥特曼"家族却如数家珍，甚是认同。

有学者提出，近二三十年以来，人类社会已经进入一个高度符号化的时代，但未思考过，高度符号化的时代空间给日常生活带来何种影响，产生什么样的社会和文化变革，因此，考察日常生活文化的形成和演变机制以及带来的对社会和文化的影响，具有非常重要的理论和现实意义。① 每一种文明都延续着一个国家和民族的精神血脉，既需要薪火相传、代代守护，更需要与时俱进、勇于创新。人生百年，立于幼学，幼儿园保育教育应主动对接新时代教育的发展诉求，主动承担创造性继承与创新性传承中华优秀传统文化的责任。

图5-3 长沙市大型儿童游乐场盘小宝入口的变形金刚

注：游乐场入口的变形金刚。到目前为止，我国儿童玩具市场仍然缺乏本土化的"变形金刚"与"奥特曼"，国字号的玩偶不受商业追捧，难以在市场上立足。

---

① 薛晨. 日常生活意义世界：一个符号学路径 [M]. 成都：四川大学出版社，2020：2-3.

学前教育有别于其他学段的教育，应坚持"注重幼儿良好品德和行为习惯的养成，潜移默化贯穿于一日生活和各项活动""以游戏为基本活动，珍视生活和游戏的独特教育价值"。在这样的教育场域下，"符号"就是学前教育的教育底色。作为育人的先行者，幼儿园幼儿的日常生活提供了什么了符号及场景，创设了什么样的符号意义及情境，需要从既得的教育证据中溯源与思考，要重新思考符号教育在学前教育阶段的决定性作用。符号本质上就是一种最简单、最基本的人类文化创造，作为中介，符号的中介功能不仅仅是过程性的，而且是范本性的。要想幼儿传承什么样的文化，就要深刻理解符号的本质属性以及符号产生的基础性影响。

◎ 第六章 基于传统文化教育诉求的幼儿教材发展向路

　　幼儿园教师用书作为幼儿教材的重要组成部分，在未来一段时间内仍将发挥重要的作用。目前的主流幼儿园教师用书中传统文化的知识存量少，知识结构以及存在样态有待优化，折射出学前教育阶段优秀传统文化教育的不足。那么基于丰富传统文化教育诉求的幼儿教材如何改良？

　　其他学段的教材，"知识"是显性且聚焦的支点，教师与学习者在共享教材的知识，而学前教育阶段，教学资源特别是教师用书仅属于或先行属于教师，与幼儿保持分离的状态。因此，对于这个重大问题的思考，应从厘清幼儿教材的功能与属性开始。

一、面向教师理解的功能统筹

　　根据前期调查结果，目前幼儿园教师对幼儿教材的理解遵从"可获得性"取向，对其评价主要集中在教学规范与活动指导等方面。比如，在教材优点解析上，多以"适用性高，实用性强，节省备课时间"为主，仅有少数幼儿园教师认为理想的教材在于"提供教师行动策略，支持学前儿童和教师成长"。教材的本质属性是教学性，学生"学"与教师"教"都是教材功能考量的重要组成部分,但由于幼儿教材使用对象的特殊性,教师如何理解教学资源"教"成为幼儿教材的功能统筹,且幼儿园教师对"教材"的依赖在一定程度上超越了教师对学前儿童教育的理解,"教师理解"成为学前教育领域运用幼儿园教学资源的功能统筹。

从教师"教"的角度看,教材应当具有教学依据功能、资源提供功能、教法指导功能、评价支撑功能。① 根据教师理解学前儿童的依据和层次,② 幼儿园教师在从初入职向专家型教师转型的过程中(只有少数成为专家型教师),必然要经历"依照主观经验""儿童研究抽象概念""具体情境""共有人性"的过程,③ 而在此转向的过程中,教材作为教师的"可获得性"的资源,一直作为关键变量存在并渗透于幼儿园教师对学前儿童教育的具体理解之中(如图6-1所示)。

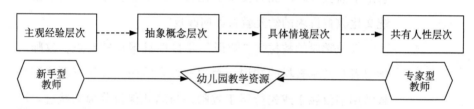

图6-1 不同阶段教师对幼儿园教学资源的理解与依赖示意图

教师对教材的理解,属于教育具体实践的重要组成部分,是教育理论储备走向实践的基石。幼儿园教师理解教学资源的过程既受到幼儿园教学管理、教学情境、教学对象等外部因素的制约或影响,也受到教师作为受众的个体认知与经验的制约或影响。前者是固化的,具有相对稳定的特征,而后者的影响可以从"媒介"的视角,通过对教材本身的改造而施加积极的影响,从而为幼儿园教师提供有效的教学支持。因此,要破除相对狭隘的幼儿园教材"操作"观,即将幼儿园教材开发限制在提供更多操作性的内容的

---

① 赵占良. 试论教材的功能定位 [J]. 课程·教材·教法, 2021, 41 (12): 4-10.
② 赵南. 教师理解儿童的依据与层次 [J]. 学前教育研究, 2021 (10): 1-10.
③ 赵南. 教师理解儿童的依据与层次 [J]. 学前教育研究, 2021 (10): 1-10.

范畴之内，这些内容在很大程度上只是游戏介绍，而不是可以内化的教学策略或问题解决方案，然后将教材作为幼儿园教师的"学会教"的教学文本予以开发，聚焦幼儿园教学资源本体的教育逻辑，从编写体例、文本内容与表达等方面完善幼儿园教学资源，以全面提升幼儿园教师对教学资源的理解与运用水平，并将其作为学前教育事业发展的重要变量予以重视与培育。

尽管我国目前没有将幼儿教材在政策管理层面上升到"教材"层面予以实施，但相比其他教育阶段，幼儿教材在通过"教师理解"这种隐性途径，以一种过重负载的方式在学前教育领域承担教育使命，因此，关注与优化幼儿园教学资源功能应当上升为学前教育领域的重要任务。

有关教材评价的研究认为，思想性指标、知识能力指标、文化传承指标、教学适切性指标是教材评价的核心观测指标维度，[①] 而根据接受分析的主张，教师是教材的主动使用者、文化解码者和意义诠释者[②]。针对目前部分幼儿教材功能本体特征以及衍生的教育现象，本书拟从教师理解的视角，围绕内容学理性、文化体验性、课程与教学系统性探索幼儿园教学资源功能的应然发展路径。

二、增强教育赋能的价值转换

在教科书使用共同体中，教师是通过"理解"教材并与学生交往这样的复合性活动而履行教师角色的。教师使用教科书表现为编辑理念内化和外化的双重转化，以实现对教科书文本的深度理解。[③] 因此，从凸显教师理解的角度出发增强教材教育赋能的过程，就如同如何撰写高水平学术著作让读

---

① 唐丽芳，丁浩然. 建构以质量为核心的教材评价体系 [J]. 教育研究，2019，40（2）：37 - 40.

② 王攀峰，孙文静. 接受分析：一种值得关注的教科书研究方法 [J]. 教育学报，2021，17（5）：99 - 110.

③ 李功连. 教科书使用共同体：内涵、特征及实践 [J]. 课程·教材·教法，2021，41（12）：19 - 25.

者获得启发与运用的过程，教材要作为"媒介"来支架式地承载学前教育责任。

与其他阶段的教材不同，教材中聚焦的"学科知识体系"要转变成幼儿园教师提供的"教育先行者"，为幼儿园教师提供教学支持，从而提升其"理解"水平。促进"理解"的教材不仅要对照《3~6岁儿童发展指南》，提供保教活动指导，促进学前儿童五大领域发展，还要提供如何解决可能遭遇的典型教育场景，如何识别与化解学前儿童具有关键性心理发展意义的只言片语等，从而使教材具有教学情境化的本体教育与引导功能。目前的教师用书以"活动操作"作为重点，尽管每个活动中蕴含了理论提示以及操作要领，但由于缺乏具体情境与典型教学问题的有效支撑与深度解读，存在粗浅理解与机械操作的教育风险，相关的游戏与活动事实上没有真正走向应然的教育路径。

创造性的教学需要课程教材教法观念的全面更新与变革①，教材所提供的内容，都要为提升教师的理解与阐释水平服务。幼儿教材应加强的不是关于"知识学习"的情境创设，而是要支持教师对教学策略与方法的科学理解与有效迁移，增强内容的学理性，这应该成为幼儿教材改革中的一个重要方向。以《社会学习：关键发展指标与支持性教学策略》为例，其内容编辑模式呈现了一定的教育赋能：

> 　　评论幼儿的行为，并肯定他们对个人或集体的帮助。当幼儿敏感地发现他人的需要和感受时，他们会体验到自己有能力减轻他人痛苦，或让他人感到自身价值，从而开心起来。（场景图片：即使是幼儿，也认识到回应彼此需求的价值）
>
> 　　在入园时间，当爸爸离开去工作时，卡尔哭了。玛丽安娜握着他的

---

① 杨启亮. 教材的功能：一种超越知识观的解释 [J]. 课程·教材·教法，2002（12）：10-13.

手说："你可以和我玩，直到你爸爸来接你。"接着，她找了一本书，和卡尔一起看。在随后的工作时间，她让卡尔参与她的计划。老师对玛丽安娜说："当你握住卡尔的手时，他就不哭了。你们俩一起在娃娃家玩耍的时候，他笑得很开心。"玛丽安娜说："我让他变得快乐。"①

这段内容通过理论阐释、积极行为图片示范、学前儿童典型语言、教师支持性回应示范语言等内容，增强了内容的学理性，提升了教育赋能，使阅读者获得了更深层次的教学支持策略，并能有效迁移至其他具体的教学场景。教材是教学使用的材料，是引起某种关系理解、智慧活动的辅助性材料②，因此要调整与优化学理性内容的合理供给，从而强化教师理解功能，增强幼儿园教材的教育教法赋能，使不同来源或专业背景的幼儿园教师都能借助这样的教学资源获得深度教学理解，从而展现成外化的教学行为，使更多学前儿童享受到高质量的学前教育。

三、推动教育自觉的知识建构

"蒙以养正，圣功也"，价值要素是中国高质量学前教育指标体系建构的起点，环境创设与游戏活动等方面均要指向国家立场。③ 而教科书是一种"正式知识"和"官方知识"，它体现了"谁的知识被社会认可"，并决定着"用谁的文化去教育孩子"④，幼儿教材的文化选择将直接决定文化教育

① 安·S. 爱波斯坦. 社会学习：关键发展指标与支持性教学策略 [M]. 北京：教育科学出版社，2018：20.
② 杨启亮. 教材的功能：一种超越知识观的解释 [J]. 课程·教材·教法，2002（12）：10－13.
③ 霍力岩，孙蔷蔷，龙正渝. 中国高质量学前教育指标体系建构研究 [J]. 华东师范大学学报（教育科学版），2022，40（1）：1－18.
④ 王攀峰，孙文静. 国外教科书研究的演进历程与逻辑路向 [J]. 北京教育学院学报，2021，35（4）：85－92.

在学前教育阶段的贯彻落实①，同理，教材作为"文化母乳"所给予学生的文化滋养应该是循序渐进的②，这一点也同样深刻影响着学前教育价值的应然发展。如何能使每一位幼儿园教师像一位本土儿童教育家一样，关注学前教育的社会背景，站稳国家立场与本土文化立场，并能结合现有的资源与场景在幼儿园开展高质量的保教工作？从教师理解的视角，应将幼儿教材施以文化包裹，引领幼儿园教师本土文化教育自觉，从而落实作为教材属性应有的"培根铸魂、启智增慧"的历史责任。

任何一个科学领域本身就包含着文化属性，只是这种文化属性常常居于形而上的侧面而容易被无视。儿童文化与成人文化的冲突是教育中最为真实的现象，幼儿园教师如何化解这种冲突一直处于学前教育理解与实践的顶端。从教师理解教材的视角来看，教师以自身的原生性特性和经验建构了对教材的理解与阐释，并由此获得教育解决方案或获得一些教学理念及策略，学前儿童具有适应和创新文化的基本能力，能在自身经验的基础上生成意义③，以生活性作为准则的学前儿童教学原本就是一个个内化与创造文化、体验意义的生命活动过程。因而，幼儿园教材的选编与设计运用不是一个纯粹有利于儿童发展的知识或操作的设计，而应本身具有特定的文化符号及其价值倾向。前面提及，目前大部分版本聚焦了学前儿童五大领域的发展，但没有真正关注社会与文化中的"学前儿童"，只是将"学前儿童发展"抽离出来谈如何促进其发展，或者说，在内容上没有体现或隐喻应有的本土文化属性。对幼儿教材的关注不能仅仅从学前教育学科内部系统来探讨相关问题，仅仅对知识、目标与环境等因素予以特别关注或循环论证，这是一种相对狭隘的学前儿童教育观。教科书必然承担传播社会主流文化、培育国家认

① 陆宝君，曾敬香.幼儿园教学资源优秀传统文化融入现状：基于凤凰小康轩和岭南版的教材分析 [J].教育观察，2020，9 (16)：40－42.
② 高德胜."文化母乳"：基础教育教材的功能定位 [J].全球教育展望，2019，48 (4)：92－104.
③ 皮军功.文化适应与创新：幼儿生活教学论纲 [J].学前教育研究，2012 (3)：34－37.

同观念、构建国家认同行为的历史使命①，我国幼儿教材走向统编化也许还需要经历一个较长的时期，而目前如何解决文化属性问题应当尽早提上日程。

没有本土社会与文化基因的幼儿教材导致教师理解走向"认知领域"的偏狭，存在学前儿童社会性学习走向异化的风险。目前，部分幼儿教材提供了相关主题活动，如《幼儿园渗透式领域课程 科学·艺术 教师用书》（大班·上）中，"社会"领域有"国庆节""农村博物馆""好玩的民间游戏"3个具有国家和民族特征的活动。②《幼儿园建构式课程（第二版）》（大班·上）有"中国娃"单元，具体教学活动有国旗、功夫、民族等相关内容。③但是需要指出的是，除了有针对性的显性内容，更多具体的元素或素材贯穿所有的活动与游戏之中。

幼儿园教师依赖教材，教材内容属性与价值导向影响着幼儿园教师的具体教学行为，引导着幼儿园教师将采取什么样的教学载体或器具，包括怎样布置活动区域环境，如何为学前儿童安排节目庆典这些具体的教学行为，幼儿园课程与教学活动只有具备相应的文化元素，作为生活方式的具体方式呈现出来，才能为学前教育提供本土文化滋养，学前儿童才能有机遇在自身经验的基础上生成属于本土的应然文化理解。

四、服务教学的体例调整与更新

学前儿童教育是特殊的教育阶段，相应的幼儿教材也是特殊的教材，从

---

① 李功连．教科书使用共同体：内涵、特征及实践［J］．课程·教材·教法，2021，41（12）：19－25．

② 赵寄石．幼儿园渗透式领域课程科学·艺术（教师用）（大班·上）［M］．南京：南京师范大学出版社，2009．

③ 中国学前教育研究会．幼儿园建构式课程（教师用书）（大班·上）［M］．上海：华东师范大学出版社，2010．

教师理解视角出发，教师对学前教育儿童的教育理解应该是整全的，对幼儿园课程与教学的理解也应该是系统的。碎片化、随机性、主观经验选择都有可能带来学前教育风险。因此，幼儿园教学资源应该朝向整全的编写体例与内容，从而在教学依据这个层面进一步降低学前教育风险。

目前的教学资源主要针对五大领域的整全而作了较为深入的探讨，针对幼儿园课程的生活化与游戏化，负责编写教材的高校专家学者或企事业单位开发了大量以主题活动操作与指导为核心的应用型教材，其游戏或活动类型齐全，形式新颖，且不断修订，旨在进一步提升教育针对性、可操作性。但教科书作为应该慎重编写的产品，要提供最高权威性的信息源。[①] 这不仅反映在内容的科学性上，也应该反映在编写体例的整全性之上。学前教育呼唤高质量的课程与教学，而以学会"教"为功能统筹的幼儿园教学资源也需要依此目标积极建构。

教材总是方法化的教材，一门学科的材料总是有组织的。[②] 一个世纪以前，杜威就着眼于儿童经验的发展对社会生活中的典型职业进行分析，通过归纳和提炼获得了儿童教育的典型活动，比如商业、烹饪、缝纫、纺织、木工等，找寻到了教育与生活一体化的解决途径。但显而易见，这些具体的教育目的不可能只需要通过呈现"纺织"等活动所需要的原材料以及步骤（这应只是教材的附录）就能实现，而是更需要一种整全的方法论来予以指导。如何构建一套整全的教学方法论，应从完善编写体例与内容开始着手，使幼儿园教学资源走向规范而整全发展之路，这将需要经历一个较为长期的探索过程，需要编写者构筑原型，孜孜以求，一点一点地积累出理想幼儿园教学资源的科学构造。

从解释学的角度来看，教育的本质就是理解与阐释，作为学前教育事业

---

① 曾天山. 国外关于教科书功能论争的述评 [J]. 西南师范大学学报（哲学社会科学版），1998（2）：57 – 62.

② 张华. 课程与教学论 [M]. 上海：上海教育出版社，2004：83.

发展特定阶段中产生、发展和变化的一类特殊教材，我国幼儿园教学资源从无到有，从单一形态到教、学、做一体化，从依靠国外引进到实现自主创编，已经经历了一个快速发展的时期，且在学前教育领域发挥了重要的教育功能。新时代呼吁高质量的学前教育，可从教师理解的视角出发，推动幼儿园教学资源功能的改造与升级，从内容学理性、文化体验性、课程与教学的整体性三个方面支撑与扩展幼儿园教师的教育意图，从而产出更加理想的幼儿教材。

◎ 第七章 传统文化教育符号建构的应然与忧患

对照以蒙学教材为代表的中华优秀传统文化素材库，我国现阶段的幼儿教材呈现的传统文化素材存量较少，从其现状可以窥见幼儿园文化的向度。在一定意义上，考察中华优秀传统文化教育，就是在考察学前教育本土化的发展现状。多元文化下如何传承本土文化，要跨越"有限知识"的存在形态，转向探讨具有生态意义的符号建构。

一、一项调查研究提供的符号教育依据

丰富多彩的幼儿园保育教育活动指向了优秀传统文化的内涵，彰显了讲仁爱、守诚信、崇正义等核心思想理念，倡导了俭约自守、中和泰和的生活方式，并展现了敬业乐群、扶危济困、见义勇为、孝老爱亲等中华传统美德——这些也一直是幼教工作者的孜孜诉求——但是，在多元文化的冲击下，正在发生的传统文化教育成效有可能与幼教工作者的教育理想相去甚远。

笔者曾做过一项相关的调查研究，主要考察中华优秀传统文化知晓与体验水平对 5～6 岁幼儿亲社会行为发展倾向影响。研究在××省 3 所幼儿园（城市 2 所，乡镇中心园 1 所）8 个

大班 260 人中随机抽取 130 名幼儿，结合 5～6 岁幼儿认知与心理发展水平，收集中华传统节日、中华传统节日活动、中华优秀传统文化人物、中华优秀传统人文精神四类词汇，编制了中华优秀传统文化知晓与体验词汇表与主试教师访谈幼儿指导语，以考察 5～6 岁幼儿中华优秀传统文化知晓与体验水平。具体见表 7-1、7-2。

表 7-1　中华优秀传统文化知晓与体验词汇表

类别		主要词汇	数量
优秀传统节日与活动	传统节日名称	春节、元宵节、清明节、端午节、中元节、七夕节、重阳节、中秋节、腊八节	9
	传统节日活动	放鞭炮、贴春联、拜年、走亲戚、猜灯谜、吃汤圆、扫墓、踏青、祭祖、吃粽子、赛龙舟、登高、收红包、吃月饼、赏月、压岁钱、吃饺子、耍龙灯、吃团圆饭	19
优秀传统文化人物及人文精神	传统文化人物	孔子、孟子、老子、屈原、李时珍、朱熹、李白、杜甫、苏轼、岳飞、孔融、周公、关羽、诸葛亮、秦始皇	15
	传统人文精神	孝敬、礼貌、诚信、勤劳、仁爱、和睦、宽容、谦让、大义、友爱、正直、公平、礼尚往来、同舟共济	14

表 7-2　主试教师访谈幼儿指导语

类别		知晓维度提问方式	体验维度提问方式
传统节日与活动	传统节日名称	"请问你知道有哪些节日吗？""你知道什么是春节吗？""你还知道有哪些节日吗"等	在知晓维度提问的基础上，如果幼儿能讲述与节日有关的时间、人物或事件，即视为体验
	传统节日活动	"你知道过春节需要做什么事吗？"等	在知晓维度提问的基础上，询问是否从事过相关活动

（续表）

类别		知晓维度提问方式	体验维度提问方式
传统文化人物及人文精神	传统文化人物	"请问你知道有孔子这个人吗?" "你知道有哪些古代人物吗"等	在知晓维度提问的基础上，幼儿能提及传统文化人物有关的时间、人物或事件视为体验
	传统人文精神	"请问你知道什么叫友爱吗?" "×××是一个什么样的人?" "我们应该怎样对待其他小朋友?"等	在知晓维度提问的基础上，幼儿能讲述人文精神有关人物或事件视为体验

在访谈过程中，每个词汇计 1 分，与词汇表中类似的词汇也计 1 分，类似或相同的词汇不重复计分，幼儿能说出其他词汇也予以记分。

调查发现，5~6 岁幼儿知晓与体验中华优秀传统文化水平整体较低。在 130 名被试中，中华优秀传统文化知晓与体验总分最大值为 85，最小值为 2，平均值为 35.10，标准差为 20.461。其中，知晓最大值 49，最小值为 2，平均值为 18.75，标准差为 11.216；体验大值为 43，最小值为 0，平均值为 16.35。

具体来讲，词汇表中列举的中华传统人物共 15 位（孔子、孟子、老子、屈原、李时珍、朱熹、李白、杜甫、苏轼、岳飞、孔融、周公、关羽、诸葛亮、秦始皇），但 5~6 岁幼儿知晓中华传统人物平均得分值仅为 2.95，即不足 3 位传统文化人物；列举的中华传统人文精神词汇为"孝敬、礼貌、诚信、勤劳、仁爱、和睦、宽容、谦让、大义、友爱、正直、公平、礼尚往来、同舟共济"共 14 个，但 5~6 岁知晓传统人文精神的词汇均值为 4.40，即不到 5 个词汇。与此同时，根据主试样本进一步发现，幼儿知晓的词汇以"友爱、和睦、礼尚往来"等为主，而"孝敬"这个词并不被幼儿所熟悉。5~6 岁幼儿知晓与体验中华传统文化水平整体偏低，应该引起各界的高度重视。

该项研究还发现，知晓与体验中华优秀传统文化水平未能提升其群体适应与行为规范水平，相关理念等未能充分整合到 5~6 岁幼儿社会适应性以及亲社会行为倾向上来，即相关的教育实践未能转化为相应的文化素养，反而在一定程度阻碍或延迟了相关素养的形成，应进一步查找原因。这可能与不适宜的中华传统文化教育生态、不恰当的教育实践相关——一方面，我国幼儿教育的理念与实践本土化进程较为缓慢，幼儿阶段传统文化教育生态有待改进；另一方面传统文化教育可能存在因循守旧现象，导致存在一些不恰当的传统教育方式，教育载体也较为单一。

　　相关研究也指出，幼儿传统文化教育存在将传统文化教育等同于读经、传统曲艺等，且以幼儿"单向为主"的现象，提出要以民间文学阅读为引领，通过绘本阅读使传统文化元素意义化和具象化（2021）①，还有研究提出了开创幼儿礼仪教育的新路径（2017）②。因此，在幼儿教育领域，不仅要深化对中华优秀传统文化重要性的认识，还需要深入挖掘中华优秀传统文化价值内涵，在教育实践过程中激发中华优秀传统文化的生机与活力，否则会存在损害幼儿素养养成的教育风险。相比显性的传播知识，如何进一步转变教育观念，改造幼儿教育开展中华优秀传统文化教育的环境、途径、载体与方法，促进中华优秀传统文化"知识"向"素养"转换，降低不当传统文化教育的教育风险，显得更为紧迫与重要。

　　人类的心理、精神活动并非一场拒斥文化内容与社会实践的心灵独角戏。文化是通过主体经验形塑心智，为人类的认知活动与智力发展提供丰富的"工具包"。因此，传统文化教育不仅仅是呈现传统文化的知识，特别是

---

① 杜传坤. 儿童文学的化育：幼儿园传统文化教育的路径探索 [J]. 学前教育研究，2021（9）：10-13.
② 刘琴，田穗. 儿童礼仪教育的文化之根与传统经典借鉴 [J]. 中国教育学刊，2017（8）：94-97.

在学前教育阶段。布鲁纳在晚年转向了教育文化方向，他也曾在其著作中提及，"学校就是教师和学生们所碰面的地方，一场重大而神秘的相互交换就会由此发生，而我们给它的名字就叫作教育"①。"学校"作为一个教育符号，其本原符义是"受教者接受规训与教化的特定场所"②。针对学前教育阶段的传统文化教育现状，需要反思作为，学校角色的传统文化教育的先进性与革命性，自主创新，积极作为，开辟新的教育赛道。

二、传统文化符号教育空间缺失的隐忧

教育即教育符号的创制、释义与应用。教育与符号深切关联，符号学乃贯通人文、社会和自然科学的公分母。③ 符号是世界被认为存在的表征，也是意识的对象和意义的载体，符号教育特指通过充分、全面和深度挖掘符号，以培养人的个性化、创造性发展的教育形态。符号教育学者在教育符号域（教育情境和教育活动）中观察和解释符号及其意义、探究教育符号行为的心理动机、意义及各种指称关系中的认知和释义过程，并通过对符号的研究来认知教育现象和思考教育问题，从符号学视角描述、解释、预测、改进教育。

要从符号视角审视学前教育阶段的传统文化教育。事实上，我国重视符号源远流长。如《周易·系辞》言："书不尽言，言不尽意。"《学记》曰："故君子之教，喻也。"不仅如此，我国古代蒙学教材的名称也都是喻之以意，尽显符号教育的存在。如《龙文鞭影》与《幼学琼林》，"龙文"是古代的千里马，意指不需扬鞭就会奋发向上，"琼林"既与科举的"琼林"有

---

① 黄小鹏，宋文里. 布鲁纳教育文化观 [M]. 北京：首都师范大学出版社，2011：90 – 97.

② 崔岐恩，王志荣，赵敏. 基于符号学逻辑的学校变迁 [J]. 浙江社会科学，2021 (11)：149 – 155.

③ 崔岐恩，张晓霞. 符号教育：美国儿童学习的奥秘 [J]. 当代教育与文化，2020，12 (2)：34 – 42.

关，也与其本义"美玉"有关，即书中的知识典故、名言佳句好比美玉如林。古代教育各类场域，不论是山、水，还是梅、兰、菊、竹等其他自然物，只要与人的精神品格、道德情操以及言行举止有同形同构之处，就能够进行"比德喻志"的精神实践活动。如《增广贤文》中"人不通今古，马牛而襟裾""学者如禾如稻，不学者如蒿如草""翻覆之水，收之实难"等。

我国古代所倡导的"君子之教"其实质就是充分发挥"比德喻志"的隐喻性教育功能，寓理于感性之中，寓理于形象之中，促使学习者通过自然物来进行价值关照，使自然人化，精神品格对象化，从而自致其知、自健其德。我国古代幼儿所诵读的律对、韵律与诗文，从一定意义而言就是符号教育的具体实践——诗词或有节奏的韵文兼具生活、自然与美感，幼儿在诵读之际，就是在其日常周遭的符号体系中产生了联想、接受了解释、形成了理解，其创造性与个性化并存，从而达到了教化与涵养传统文化的效果。如在《幼学琼林》的"珍宝"篇：

> 黄金生于丽水，白银出自朱提。
>
> 可贵者，明月夜光之珠；可珍者，璠玙琬琰之玉。
>
> 惠王之珠，光能照乘；和氏之璧，价重连城。

之后列举相关的成语典故，指出有形的珍宝尽管美好，却不如无形的珍宝，比如品格、道德、朋友可贵。如：

> 贤乃国家之宝，儒为席上之珍。
>
> 汉杨震畏四知而辞金，唐太宗因惩贪而赐绢。
>
> 王者聘贤，束帛加璧；真儒抱道，怀瑾握瑜。

有研究指出，建构符号教育学是信息时代教育发展的必然。① 当然，在学前教育建构符号教育体系，不是要将教育简单地寄托于古代的幼儿诗教，而是可以以诗教为借鉴，扩大到更多类型与形态的符号教育上面来。以"孝"为例，"孝"的教育应指向幼儿的日常生活——问候、用餐、教导、娱乐、入睡、生病、行走、居住等，这些生活都具有"礼"的特征，"礼"即是"孝"，一个人只有施行了"礼"，才有了行"孝"的根本，也才有了为人的根本，"孝"便有了认识与实践的基础。但是，目前幼儿园对幼儿"孝"行的要求可能只是停留在要"关爱""尊敬"父母的层面，这种教育模式只是一种抽象的要求，没有产生相应的内化，即没有将"孝"的行为扩展到"洒扫应对"等更多的日常生活礼仪与要求上面来——也就是说，这会导致对"孝"的认识的偏差或窄化："孝"不是存在于日常生活之中，而是一种超越日常生活的存在，或者是一种高尚道德的存在或倾向，这种倾向该如何行使，幼儿还处于一种未曾具体想象的空间之中。

古代蒙学展示了符号教育的雏形，以《幼学琼林》为代表的蒙学教材体系展示了海量的幼儿教育素材及其相关符号存在的各类样态。但遗憾的是，透过幼儿教师用书，我们只能看到有限的以节气和习俗活动为主力的符号存在，且是作为一项"特别的教育活动"，作为一种具有"观摩性"的外在他物或表演，一种与现代生活相隔离的附加性生活符号——在现实的教育场域中，这些活动早就消失了，只是作为锦上添花似的点缀、闲情逸致时的摆弄——而几千年以来积淀的人物、物件、礼仪、生存方式都未能转化成相应属性的符号，成为这个时代教育的有机因子。

中国幼儿对中华传统文化了解甚少，被紧紧地包裹在当下的流行商业文化及相应的符号体系之中。出现在幼儿学习和生活世界里的是"奥特曼""樱

---

① 崔岐恩，王志荣，赵敏. 基于符号学逻辑的学校变迁 [J]. 浙江社会科学，2021（11）：149－155.

桃小丸子""机器猫""柯南"等角色以及由相应角色所衍射出来的人格认同与道德渗透。尽管大部分角色及生活习惯都朝向积极的个性品质,但这些品质的来处并非中华传统文化之土壤,国外文化土壤反客为主,成为传播智慧与德行的教育主体,这也许是幼儿以及当代青年无法产生更多的本土文化认同,形成传统文化自觉与自信的最根本的原因。

从一定意义上来讲,学前教育阶段的中华优秀传统文化教育的符号化目前仍然处于一个较为荒芜的生存状态。我们没有中华本土的"奥特曼""变形金刚""小魔仙",我国本土的神话故事、历史人物、生活素材没能在一个全球化的时代里与时间共长,主动经历蜕变,长成现代人所接受和喜爱的"后羿""七仙女",逐渐缺失掉了引领文化的话语权。曾经的诗人、将士、奇人亦都还是当年的一个个远离幼儿世界的粗俗或过于高远的形象,未曾以立体鲜活的形象真正走进幼儿的心理世界,尽管还有"美猴王"等,却因其塑形百年未变,缺乏现代的审美元素,"美猴王"也只能以"七十二变"的本领能存活于幼儿的心理世界。

有研究深度观察了美国威斯康星州基础教育状况,并从符号学视角解析美国儿童学习成功的奥秘,提出了幼儿教育过程中教育符号的泛在性、符号思维的可视性、符号意义的不确定性、符号运作的开放性、符号知识的经验性和符号学习的趣味性,值得借鉴。该研究通过深度观察发现,美国学校场域充满自由互动的意义过程,从而向成人、向社会弥漫出民主意义的品性。美国基础教育现状更多体现了"符号教育",这也许预示智能时代教育发展趋势,值得我们进行批判性学习,并以此突破相关教育难点。① 网络信息技术在重塑教育理念和样态,虚拟仿真、基因工程、生物芯片即将改变人类现

① 崔岐恩,张晓霞. 符号教育:美国儿童学习的奥秘 [J]. 当代教育与文化,2020,12(2):34–42.

有的生活和学习，中国传统教育和西方现代教育的理论基础即教育体制必将面临新一轮的深度变革。

人类生活的基础不是自然的安排，而是文化形成的形式和习惯。① 人的文化创造总是以直观的方式存在，即以符号的形式存在，是在对以往文化符号的不断继承、充实、丰富和发展中实现的。文化符号是一个文化创造的实践问题，更是个文化创造的理论问题，应透过各种符号现象，寻求人类文化创造价值的现实可能。②

图7-1　日本幼儿园剪影

注：日本幼儿园剪影，其幼儿园设施保留了日本民族简洁、工整、自然的民族家居特点。

孔子所谓"不学诗，无以言"，正是要以《诗》之涵养作为个体言说的基础，也就是在优雅的《诗》之背景与视域中开启个体日常言说空间与审美化的生命方式。正是以诗教为基础，继之以"不学礼，无以立"，有了诗所孕育的生命的丰盈与优雅，再予以礼的规范与提升，个体生命依然能保持

---

① 米夏埃尔·兰德曼.哲学人类学［M］.彭富春，译.北京：工人出版社，1998：260.
② 万资姿.符号与文化创造［M］.北京：中国社会科学出版社，2011：1-2.

生动的张力，不至于在礼的规范中趋于单调、僵化、呆滞。① 正如刘铁芳先生所阐释的语文教育的立人使命，基于立人属性的语文教育，就是要立人于终身兴趣发展之中，立人于优美的汉语文化之中，立人于语文所开启的审美世界之中，以立人为指向的语文教育实践需要立足个体，以优美的语文文本启发个体内心的自由，并转化成个体生命的创造性实践。语文教育作为人文教学实践的基础形式，不仅事关民族身份认同与个性彰显，更事关我们每个人的生命品质。② 在这个方面，学前教育尤其要如是发展，从现在开始直面传统文化符号教育空间的缺失，不再止步于对政策与制度的繁忙应承，而是要近距离地面向中华传统文化的源头，将更多的教育实践付诸建构传统文化传承之基。

图 7-2　乡村幼儿园剪影

注：充气玩偶、彩色气球、彩色字体是我国幼儿园比较常见的节日情境装饰，图中的航天员纸片、扑克牌也是常用的教具与装饰之一。

---

① 刘铁芳. 比技术更重要的是观念 [M]. 北京：北京师范大学出版社，2017：28.
② 刘铁芳. 比技术更重要的是观念 [M]. 北京：北京师范大学出版社，2017：24.

图7-3　幼儿园活动教室剪影

注：绚丽的安全桌椅、电视、钢琴、黑板是幼儿园设施的标准化配置，其他装饰来自幼儿园教师的自主创造。

图7-4　幼儿园活动教室剪影

注：在大多数幼儿园活动教室，与"欢乐的童年"类似的标语较为常见。这种显性的宣言或符号与儿童认知与社会性发展无关，甚至设限了普通教师应该如何理解儿童。此种属性的环境创设模式的教育价值有待商榷。

图 7-5　幼儿园保教活动剪影

注：1 名幼儿园老师指导幼儿体验墨水拓字。大部分幼儿园会定期举行类似的专项体验活动，但此类活动或实践不属于幼儿园一日生活的常规内容。部分园所由于缺乏经费购买教具，此类活动可能转化成图片或视频解说。

图 7-6　幼儿园保教活动剪影

注：幼儿园老师在引导幼儿拼塑料积木。工艺粗糙、色彩绚丽的积木是普惠型幼儿园最常见的教具之一，搭积木属于标配的区域活动。

图7-7　幼儿园保教活动剪影

注：1名幼儿园教师在加工节日用的灯笼。除开保教活动，幼儿园教师每逢节假日，需要付出大量的时间成本制作相关的特殊教具。部分幼儿园经费有限，全部道具由幼儿园教师手工制作。

图7-8　城镇某幼儿园保教活动剪影

注：1名幼儿园教师指导幼儿坐龙舟。每逢节日习俗活动，幼儿园一般采取类似形式开展集体教学活动，龙舟自主制作或购买，带有观赏性，使用频率较低。

图7-9 城镇某幼儿园饲养角

注：部分幼儿园设置了饲养角，用于丰富与拓展幼儿教育方式与途径。但环境创设设计者意图展现更多关于动物的更多知识，幼儿在探究兔子活动的时间里，需要首先学习兔子有关知识。

图7-10 城镇某幼儿园家园活动场景

注：武术作为幼儿节目表演，而不是作为强身健体的途径。其中，红色服饰、马步等单一特征仍然代表着中国武术的全部，是幼儿理解中国武术的全部内容。

三、社会科学教材 *Timelinks-G*1 的符号建构原理

研究发现，作为社会科学类教材的成功典范，美国小学社科教材 5～6 岁使用的 G1 版 *Timelinks*，意图充分发挥儿童认识的主体能动性，其主体框架、内容布局、表达范式具备丰富的建构意蕴，充分体现了建构主义教材观，而其教育符号的系统性、具体性与指向性值得借鉴，可以称之为相对较好的符合建构案例，在此逐一解析。

（一）主题框架：基于儿童生活的百科读物

"*Timelinks-G*1" 教材共分为五个单元，分别为 Culture（文化）、Geography（地理）、History（历史）、Economics（经济）、Citizenship（公民）。每个单元包括的主要内容为：explore the big idea（探究大主题）、people（人物）、place（地方）、event（事件）、map and globe skills（地图技能）、chart and graph skills（图表技能）、around the world（世界）、citizenship（公民化）、readers theater（阅读者剧场），整体的主题构架是一个系统的基于儿童成长的丰富素材库。各主要内容的文本素材如表 7－3 所示：

表 7－3　主题框架（*G*1）

*G*1	Culture: Families and Neighbors	Geography: All about Earth	History: Life Long Ago	Economics: All about Work	Citizenship: Our Government
Explore the big idea	Who are our families and neighbors	How do we learn about where we live	How did people live long ago	Why do people work	How do we get along together
People	Jane Addams	Ellen Ochoa	Coretta Scott King	Johnny Appleseed	Mayor Abdul Haidous
Place	Amusement park	Lakewood, Ohio	A farmer house long ago	United States Mint	The capital building in Washington. DC

G1	Culture：Families and Neighbors	Geography：All about Earth	History：Life Long Ago	Economics：All about Work	Citizenship：Our Government
Event	Moving the sheep	Bears hibernate in winter	Columbus takes land	Putting out fires	July 4 celebration
Map and globe skills	Use addresses	Use globes and maps	Use history maps	Use a map key	Use directions
Chart and graph skills	Calendar	Diagram	Time line		Picture graph
Around the world	Australia	Italy	India	Argentina	Mauritius
Citizenship	Points of view：how does your family celebrate?	Democracy in action：respecting earth	Points of view：how do you help your family?	Democracy in action：being honest	Democracy in action：being fair
Readers theater	A new kid on the block			Workers everywhere	

1. Explore the big idea（探究大主题）

Who are our families and neighbors（谁是我们的家人和邻居?）、How do we learn about where we live（我们怎样了解我们所生活的地方?）、How did people live long ago（人们以前是怎么生活的?）、Why do people work（人们为什么需要工作?）、How do we get along together（我们怎样一起共同生活?），五个探究主题分别对应了文化、地理、历史、经济、公民五个方面，作为切入点或原点开启幼儿理性启蒙之路。

这些选题或切入点均以幼儿基本生活为起点，并类化成具有典型生活意义的主题，所探究的主题与日常生活密切相关，儿童可以将此与自己的生活体验相联系，印证、强化并扩充了儿童生活的起点。如文化单元以"家人和邻居"为起点，了解家庭、家族、校园、邻里的美好生活方式；地理单元以"如何了解我们所生长的地球"为起点，进而展示了具体的城市、农村、房屋，并展示了世界各地的分布情况；历史单元以"人们以前是怎么生活的"为起点，介绍了移民的历史、以前的家庭生产、学习、生活条件；经济单元以"工作与职业"为起点，提出人们为什么需要工作，进而了解钱财、需求、职业、商品等具体的事物；公民单元以"我们的政府"为起点，以自由、法律、层级领导、国家标志等为关键内容，介绍儿童们如何依凭他们的领导而生活其中。

2. People（人物）

教材中介绍了不同类型的人物。其中，Jane Addams 是美国女性社会改良家及和平主义者，致力于改善社会状况，争取妇女、黑人权利，并于1931 年获得诺贝尔和平奖。Ellen Ochoa 是美国工程师，前宇航员，现任约翰逊航天中心主任。Coretta Scott King 是美国演员，代表作品有《詹姆斯·布朗拯救波士顿》《罗莎·帕克斯的时代影响》。Johnny Appleseed 是美国民间英雄，他穷尽 49 年时间撒播苹果种子，梦想创造一个人人衣食无忧的国度，是美国西进运动中的一名传奇人物，在苹果的种植和传播过程中起到了很重要的作用，为自然保护运动做出了很大贡献。Mayor Abdul Haidous 是杰出市长。

教材文本介绍的典型人物是多样化的，涉及社会活动家、女性宇航员、杰出演员、民间英雄以及著名市长，分别对应了文化、地理（科技）、历史、经济与公民五大主题。各典型人物的生平事迹除了具有积极导向的价值外，更重要的是揭示了人物的实践品质，或者说，这些人物最统一的特点是通过相应的"行为"达成了"优质"的人物形象。社会改良家、勇敢的宇航员、有趣的演员、致力于在全球种植苹果的实干家以及杰出的市长，这些"行为"目前是可以让每个幼儿在日常的学习生活中去做的，如模拟和平使者、成为一个航空科技爱好者、在儿童话剧中演好一个角色、种植更多的植物、为建设社区说出自己的想法等，为儿童日常生活提供了朴素而有意义的实践内容，且这些内容能够在不同的生活场景里得到实现，不仅有趣，而且是有意义的。

3. Place（地点）

Amusement park（快乐公园）、Lakewood，Ohio（Ohio 湖）、A farmer house long ago（古老的农场主房子）、United States Mint（国家银行）、The capital building in Washington. DC（总统府）。公园、湖、古老的农场主都是儿童所喜欢的场所，也是儿童与家人日常活动、旅游与家庭劳动的主要场所；而具有国家象征意义的国家银行与总统府，既满足儿童的探究意愿，也可以成为儿童走向公共生活的起点。

4. Event（事件）

教材文本主要介绍了 Moving the sheep（绵羊迁移）、Bears hibernate in winter（冬眠的熊）、Columbus takes land（哥伦布发现新大陆）、Putting out fires（灭火救场）、July 4 celebration（7 月 4 日庆典独立日）。

绵羊迁移作为一种文化习俗节日，是儿童乐于参与的；为了让儿童了解比较抽象的地理现象，选择冬眠的熊，而熊是儿童喜爱的动物，代表寒冷的冰雪也是儿童体验比较深刻的；哥伦布发现新大陆是经典的传奇与探险，自然能为儿童所喜爱；勇敢健硕的消防员是儿童在生活中喜欢模仿的职业之一，既神圣又有趣；独立日作为国家最典型的节日，自然也是孩童能够接受的，也是意识之中认为是必须了解的。

5. Map and globe skills（地图技能）

具体包括 Use addresses（使用地址）、Use globes and maps（使用地图）、Use history maps（使用历史地图）、Use a map key（使用地图钥匙）、Use directions（使用方向），这些地图性质的功能是儿童的必备生活技能，强调了儿童在具体生活中的实践技能。

6. Chart and graph skills（图表技能）

具体包括 Calendar（日历）、Diagram（图表）、Time line（时间线图）、

Picture graph（画像图），这些既是儿童生活中常见的图表，也是需要学会使用的技能。

7. Around the world（世界）

文本分别介绍了 Australia（澳大利亚）、Italy（意大利）、India（印度）、Argentina（阿根廷）、Mauritius（毛里求斯）。这五个国家来自五大洲，代表着不同的文化与习俗。文本结合五大主题，以儿童为主角，分别从不同的展示点介绍相应的国家。如文化单元展示了澳大利亚的一个特别习俗——儿童脸涂油彩，共同跳舞，讲家庭故事；地理单元展示意大利的一名儿童就住在林子旁，展示了不一样的生活方式；历史单元则展示了印度儿童举旗欢庆国家独立日；经济单元则展示了阿根廷向美国出售葡萄，而美国向他们出售电视；公民单元则展示了毛里求斯儿童长大后可以参与政治投票的情形。

8. Citizenship（公民化）

文本展示了五个议题，分别为：Points of view：how does your family celebrate?（观点：你的家庭庆祝是怎样的?）、Democracy in action：respecting earth（民主行动：尊重地球）、Points of view：how do you help your family?（观点：你是怎么帮助你的家庭的?）、Democracy in action：being honest（民主行动：永远诚实）、Democracy in action：being fair（民主行动：保持公平）。这五个议题都是围绕儿童生活而具体展开。

9. Readers theater（阅读剧场）

A new kid on the block（街区新来的小朋友）、Workers everywhere（地球上的工作者们），"街区新来的小朋友"反映了真实的儿童交往场景，展示了交往的可能性；"地球上的工作者们"提供了多样化的职业与生活，可供他们选择或"幻想"，引导儿童去"体验"。

总体分析来看，*Timelinks* G1 文本内容框架的选择有利于儿童在生活经验的基础上自主建构知识并丰富知识，实现对生活理解的变革、升华或改写，从而出现新的解释和假设，有利于在某个具体问题上对原有知识进行再加工和再创造。九大内容在保持知识系统性的前提下，可以称之为一本基于儿童生活的百科读物。教师可依据此框架进一步展开扩充，避免了教师因个人经验差异而偏好或隐匿某一部分内容，从而在保持教材文本可读性的同时，确保了教材框架的系统性。

（二）内容布局：基于儿童意愿的心理建构

教材均配备了彩图。绝大部分配备采用真实的人物和真实的生活场景，且这些场景充分展现着儿童的意愿或预期。如文化单元封面配图为一名儿童在做食物，背景为古代做食物的场景；地理单元封面配图为一名儿童抱着大南瓜，远处农场在耕作；历史单元封面配图为两个儿童坐滑滑梯，背景是远古时代赶驾马车；经济单元封面配图为儿童在听他小猪存钱罐摇动的声音，而背景是电视转播的政治社交；公民单元封面配图是一个黑人儿童举着美国国旗，背景是古代贵族在街上行走。烹饪、采摘、玩耍、存储、集会，每个配图不仅富含相应的教育意蕴，而且将儿童的意愿置于更大范畴的历史背景之内，使儿童对历史和现在的差异产生探究兴趣，打开了历史之窗。

具体来看，以文化单元部分图片为例，有小朋友们在一起荡秋千（第1页）、一家人在游玩（第2页），和爸爸分工做家务（第6页）、和妈妈一起阅读（第10页），和动物在一起（第12页），在学校上课的情景（第19页），邻居好友一起玩游戏（第24页）。与此同时，图片中的人物来自世界各地，有着不同肤色。通过呈现这些图片，不仅让儿童感受真实的场景，体会其中的情与意，也让儿童在文本接触了世界上与自己不一样的群体——他们在世界的另一端过着有趣的生活。如中国儿童穿上红色外套，吃中式糕点；尼日利亚儿童不仅喜欢吃油炸甜点，还喜欢吃冰激凌和比萨，最开心的是打开礼物那一刻；等等。需要指出的是，这些表达了儿童的意愿的图片都引申出了教育的意义，使儿童受到启发与明示——或者是能感受到儿童生活的差异性，或者是能发现更美好的生活方式。以列举过的图片为例：好朋友之间是不分国籍与肤色的；在公园开家庭聚会是快乐的（这是家庭生活的主要模式）；小孩子要和家长一起分担家务；和大人阅读是很开心的事件；要保护动物；要积极参与课堂活动，邻居之间要在一起玩耍。这些图片呈现了积极的意义，儿童在阅读这些文本的过程中将受到积极的示范影响。

围绕主题框架，内容也是基于儿童的意愿，从而帮助他们完成对世界认知的心理建构。如经济单元中第 11－12 页，在"Things We Need"和"Things We Want"的主题呈现中，列举了食物、水、衣服、爱、关心、房子是人类的需要，如果不是"需要"的东西，但我们想去拥有它，则是一种"想要"；并且指出不能得到所有"想要"的东西，"We have to make choices"我们必须做出选择，比如"如果只有 9 元钱，就不能购买到 10 元的玩具，必须做出选择"。这种基于儿童日常意愿的描述极具启发性与建构性，呈现了需要、欲望、选择等意识领域的行为，并对之进行了显现与区分，这算是理性启蒙或理性启蒙的前阶段"呈现"，让儿童了解到，当一个人想获得一件物品时，要判断是必须的还是自己想要得到更多，面对特定的物品，自己应该有所选择，接下来的文本中以一个家庭的选择为例，"buy a computer"or"go on a family trip"二者只能选择其一。接着引导出"saving money""Ana wants to buy an MP3 player. But she does not have enough money. When there is not enough of something，it is called scarce""there is something you can do when money is scarce. You can save your money，save means to keep your money to use later"，并在后续的内容中提到 Ana 如何存钱购买到了 MP3，儿童能通过这样的场景完成与经济有关的认知上的转换。

在展示具体的内容上，内容呈现序列也是遵从儿童意愿的。如在 citizenship 第 17 页中，"I want my own apple！"（我想有一个苹果），"We can cut them so we can call all share"（我们可以切开它，这样我们就都有了）。文本所显示的对话中恰如其分地显示了生活中的真实场景以及可解决的方法。没有直接要求分享而简单压抑了儿童的真实的意愿，而是先让儿童可以表达出真实的意愿，而另一位同伴则提出了可解决的合理的方案。这样的文本呈现模式可以迁移到真实的生活场景中，没有压抑或伪饰，表达真实而自然。在此过程中，教育儿童懂得分享而不是简单服从分享，而是还原了习俗与道德显现及形成的过程。

在介绍职业时，首先提出，"How do we get the things we need and want?"建立了自己的需要与欲望和职业之间存在的因果逻辑与联系，凸出职业与个体生活的实际联系，比"不要不劳而获"等告诫来得更富于建构性与基础性。接下来的文本中，展示"This former grows corn, selling corn, farmers sell their corn at this farmers market""A babrer cuts hair""A florist works with flowers""A scientist works to understand and explain nature""A doctor helps people who are scik""A teacher helps us learn""police officers and firefighters"，展现了职业的多样性，农夫、科学家、医生、花艺师、理发师、教师、警察、消防警察都是主角。在对 teacher 的强调中，没有强调职业本身，而是以一位名人兼教师的名言作为强调："Education is the key to unlock the golden door of freedom"，让儿童形成对教育价值的认同，而不仅仅是对教师身份的认同。

（三）表达范式：基于儿童视域的生活范本

Timelinks 的文本表达采取赋予意义的范式，且是在儿童视域的基础上赋予相应的意义。比如："Eagle park has a lake, swing, slides, and picnic tables"，非常具体地描述了公园的重要景物，帮助儿童从具体的事物中定义"什么是公园"，从而让儿童有想去公园的意愿，进而形成对公园的判断，也许是"好玩有趣的地方"，也许是"美丽的地方"，也许是"野餐的地方"。在同一个页面，展现 Ashley 一家每年都会在公园进行一次特别的野餐，示范了家庭生活的主要场景，仅这一张图，不仅向儿童展示了"公园"，而且赋予了"公园"的意义，并呈现了好的家庭的生活场景。在接下

来的内容中，还展示了家庭成员做家务、一起坐滑轮的场景，并且提到每个家庭都有各自的家庭习俗，列举了比较特别的家庭庆祝方式。如：过生日时，奶奶会给他们的被子加一个补丁；一起帮助邻居把绵羊赶到更好的绿草区域；一起吃饭、唱歌和跳舞。文本也展示了以往的家庭生活模式，比如帮助父母洗衣服、给鸡喂食、缝制衣物等。

　　Timelinks 文本在提出规则时也是以儿童视域为基础。比如家庭的规则之一就是"Wash your hands before eating"，饭前洗手作为家庭规则，不在奖赏的层次，而是基本规范，而好的家庭有更多的特征，这些文本不是总结性的语言，而是列举型的呈现方式。关于学校，文本如此描述：学校是一个很好的地方，可以学习阅读和写作、寻找数字的地方，一起玩新游戏，学会与他人相处，认识新朋友，以及最后提问："What can you do in school?"在学校的走廊要自靠右也同样是规则，如果想在课堂上发言需要先举手。在行为导向这个问题上，*Timelinks* 是很直白地陈述的，也直白地陈述了为什么要这样做，然后提出：在你的班级有什么样的规则呢？这都是在儿童视域内恰当呈现的。

　　教育儿童与他人相处，习得文化，也是基于儿童视域的。如这样展现邻居的概念：展现邻居们一起完成他们具有地域特色的游戏。丽莎邀请长亚加入布兰尼部队，他们一起在唱诗班唱歌，丽莎很开心有了新的邻居。邻居在一分享食物，彼此关心，共同保持邻里卫生，并列举出"世界上所有的人都是邻居"的名言。让儿童感受文化，从"你好"开始，从家庭风俗、生活方式开始，还谈到了其他地方的文化带到了美国，如足球、爱尔兰踢踏舞等，由此过渡到，我们的家庭、邻居和学校来自全世界，我们有不同的文化。

　　在阅读剧场中，*Timelinks* 文本展示了儿童交往的真实场景，提供如何交友的范本。以"A new kid on the block"为例，故事从分享食物开始，到如何开始组织玩四人足球，寻找伙伴的过程。"看到那个新来的小朋友没有，也许他愿意和我们玩""我不知道，我们甚至不认识他""你愿意和我们玩四人足球吗？""当然，但我不知道怎么玩""不用担心，我们会教你""我必须回家，明天要上学""谢谢你和我们一起玩，也谢你们教我怎么玩"，这个故事充分展现了儿童在陌生交往场景的内心活动，而后面的提问更具有建设性："怎样使新朋友感受到受欢迎？"

Timelinks 文本对关键概念的解释也是基于儿童视域的。如：家庭由我们所爱的人组成；邻居是住在你附近的人；社区是人们共同生活的地方；规则是什么我们能做，什么不能做；地址是某人居住的街道和号码，庆祝是为了某件事情展现幸福快乐；文化是特定的食物、音乐、群体艺术；习俗是做事情的一种特别方式（而不是为了完成一个作业或任务）。而对于比较抽象的概念，也是从基本起点开始，逐渐叙述。以选举投票为例，在 citizenship 第18 页中，"Sometimes we do not all agree. A fair way to decide is to vote. A vote is a choice than can be counted"（有时候，我们并不能达成共识，一个非常不错的做出决定的方式，就是投票。投票是一种选择，理应受到重视），贴近了生活中真实的场景，引导出了投票的行动，为后续的"公民"以及"好的公民"做了铺垫。在 citizenship 第23 页中，"Voting is important. When a citizen votes he or she helps to choose what happens in our country"（投票是重要的，投票能选择性地决定在我们国家会发生什么），将投票与投票的决定功能直观地连接起来，并附上问答"Why is voting a fair way to choose something"，投票从"name for their class pet"延伸到"voting for leaders"，并提出其他国家也采取了"vote"的方式。在 citizenship 第19 页中，"The people who belong to our country are called citizens. Good citizens follow the laws of their country, state, and community. Good citizens also help others. They work to make their neighborhoods and communities better and safer."（国家的子民叫公民。好的公民遵守国家的法律，好的公民也帮助他人，他们为了邻居和社区的人们更好更安全），区分了公民和好的公民，首先公民的身份是既定的，但要

成为生活中的好公民，必须在生活中遵守相应的规则，必须做出好的行为。这里没有强调理想，没有过于彰显本国特色，但展示了公民与好的公民之间的过渡途径和行动方向，明示儿童如何成为一个好的公民。

为使儿童了解并愿意去了解政府，文本介绍了州长、市长、总统等社会角色，强调他们主要做什么。"The governor's job is to make sure that people follow that state's laws（州长的工作就是确保每个人都遵守法律顾问）""...get services they need（为他们提供所需要的服务）""lives and works in the White House（在白宫居住和工作）""keep people safe（确保公民安全）""get more jobs（有更多的工作机会）""make life better for everyone（使每个人的生活更美好）"，明确了总统、州长、市长的具体工作任务和目标，总统、州长、市长成为与他们密切相关的不可或缺的重要他人，与他们的日常生活、工作甚至未来都有着清晰的连接。

四、展望中华传统文化符号建构路径

人类发展历史前期，以口耳相传的形式将生产、生活以及生存的经验传递给下一代，这就开始涉及了知识、对象以及传递形式的问题，这也就是教育的真谛。17世纪，夸美纽斯编写《世界图解》，编写目的是让儿童快乐学习知识，这也涉及以上三个基本问题；19世纪初，赫尔巴特期望通过丰富多彩的教材来实现学生美好品德的发展；19世纪50年代，西方学者开始反思课程知识的比较价值和次序问题，斯宾塞发表了《什么知识最有价值》。20世纪以来，呈指数级增长的知识总量加剧了教材内容选择的难度，教材是以解决"通过何种方式将哪些内容传递给学生"这一问题为核心要义。透视教材的使命，暂且搁置尊重儿童发展的年龄特征这个议题，学前教育阶段其实也在面临知识的选择与编排的重大教育命题。

（一）重申学前教育的知识与教育

"1985 年拍摄的大观幼儿园，有一些场景是教师在带领孩子们唱歌跳舞做游戏，这些都会和人民解放军有关，爱国主义标语也被醒目地张贴在活动室的墙上。在 2002 年拍摄的大观幼儿园新录像中，没有再看类似的活动与张贴。其中有一位教师说，不想教给孩子们一些超出他们理解能力的东西，比如，毛主席的照片仍然是受欢迎的形象，被称为毛爷爷。但毛泽东思想就超出了他们的理解范畴。幼儿园课程改革给正面的爱国主义教育留下了较少的时间和空间，正规的幼儿园也只明确包括了屈指可数的爱国主义故事和教育，因为这些话题太抽象了，如果我们要进行爱国主义教育，我们必须针对幼儿把一切东西都具体化。在教学工作中具体性先于抽象性，实用性先于意识形态。"①

这份珍贵的手稿可以说展现了幼儿园知识选择与编撰的历史变迁。学前教育改革虽有所增益，但失去了更多的文化滋养。从 1985 到 2002，标语去掉了，毛主席的照片保留了，其称呼改变了，但遗憾的是，唱歌跳舞与人民解放军的关联没有了，爱国主义故事变得屈指可数，也没有出现其他适宜的教育符号替代"标语"的位置。学前教育似乎是跟随着理解儿童的教育使命走向了科学化，但将本土文化背景下个体成人的责任寄托给了个体的认知发展，导致从根本上流失了对"立德"的教育反思与改进。在此案例中，不是要去掉与人民解放军有关的舞蹈，而是要结合幼儿年龄特征，如何优化这个主题的舞蹈为幼儿所喜爱和接受，或者说，改变其符号属性，不是作为一种"喜爱"的对象，而是作为一种存在的符号出现在幼儿生活世界之中。

知识是教育的载体。对知识是什么的问题总离不开四个问题：知识与认识者的关系，知识与认知对象的关系，知识作为一种陈述本身的逻辑问题，

---

① 约瑟夫·托宾，薛烨，唐泽真弓. 重访三种文化中的幼儿园 [M]. 朱家雄，薛烨，译. 上海：华东师范大学出版社，2014：65.

知识与社会的关系问题。在学前教育阶段，对于幼儿，广义的知识是什么范畴也包括几个基本问题：一是知识与幼儿的关系是什么？二是知识与幼儿认知的对象有关系的是什么？三是如何给幼儿呈现知识？四是给幼儿呈现什么范畴的知识？根据幼儿的心理发展特点，知识大部分需要符号化，将包括符号的选择、塑形与语言释义的过程。

本研究试图从幼儿教材体系中考察中华传统文化教育在学前教育阶段的立体形象，从而进一步推测这个阶段优秀传统文化教育的知识选择及存量，相应的知识在以什么样的形态或载体在幼儿个体成人中发挥着什么样的教育功能，为进一步提升学前教育阶段开展本土文化教育的有效性提供素材与参考。不能否认我国幼教工作者为开展中华优秀传统文化教育付诸的艰辛努力，但文化的教育始终是融通于日常保教的，也是首位的，缺失了传统文化符号的教育空间，传统文化教育最终会难以摆脱形式或表演的命运，无法孕育成为中华优秀传统文化之根。

皮尔斯符号理论中的符号包括三个方面：可被用来代表"他物"的、承载了意义的某物，即符号的代表项（representament）；一个被代表的"他物"，将其称为符号的对象（object）；一个代表某物的符号为人们提供了一个关于该物的解释，即符号的解释项（interpretant）。一个客体可成为符号，就是因为它与对象发生关联的同时，引出了一个解释项。构建传统文化符号体系，首先需要选择并丰富其"代表项"，聚焦或优化其相应的"对象"，并提供更多优质的"解释项"，也就是选择更多中华优秀传统文化存量、塑造更多传递中华优秀传统文化的指代物、充沛更多体现中华优秀传统文化的教育解释。

（二）建构符号地图：以系统性与具体化为原则

潘光旦先生曾形象地指出："教育的唯一目的是在教人得到位育，位的注解是'安其所'育的注解是'遂其生'，安所遂生，是一切生命的大欲。"教育现代化发展的终极目标是人的现代化。现代人"所位"与"所由育"

的背景离不开其环境，而环境不外主观环境和客观环境。客观环境又可分为物质环境和文化环境。民族固有的疆土、气候、物产是其物质环境，而固有的语言、文物、制度则构成其文化环境。不论是与生俱来的主观环境，还是横贯时空的文化环境，对于现代人而言都是生而就有，并将持续终身的背景。教育的目的是要让现代人能融入这种固有的环境，与其形成"相成而不相害"的关系，与之"和合共生"，进而创生新的环境。① 中国的幼儿应有其位，其"育"的环境需要主动予以构建，其应有的符号地图需要探索与建构。

试图培养什么样的中华幼儿形象尚需要学前教育学界达成共识，因此本研究仅以提升传统文化教育水平为目的，提供一个初步的文化符号框架。其中，以丰富为基本路径的系统化、以素材为基础的具体化、以运用为原则的生活化，三者有机统一才能使符号地图建构成为可能，也就是要选择更加丰富的优秀传统文化知识及素材，对素材施以改造和转化，使其成为相应的教学场所、教学资料、绘本、教具、电子资源，或转化成为保教活动的具体内容，成为幼儿园日常生活的蓝本。

表7-4 符号框架及对象与解释列表

知识本体	表征的对象	解释与运用
场景及设施	建筑、墙面、教室、设施、教具等	设计并投入使用
人物	故事、绘本、各种材质玩偶、各类视频资源等	阅读、观察、收藏
事件	故事、绘本、教学内容等	阅读、观察、收藏
生活与习俗	日常起居、礼仪、各类习俗等	日常生活
伦理	保教内容、生活方式、游戏等	保教活动、日常生活
物件	物件形象、制作活动	日常使用
地理	教学资源	保教活动、现场观摩

---

① 李志宇. 学术论文集 [M]. 太原：山西教育出版社，2017：11.

（三）忧患：符号建构的难点

教育符号建构，就是确定选择什么样的"餐具"，用什么来呈现"餐具"，以及教师如何解释"餐具"，这就是整个的符号教育奥秘，从而实现符号意义（或称为"教育性"）的传递。在学前教育体系中，面对传统文化教育的诉求，有可能只是部分解决了选择用什么来代表的问题，比如在围绕传统节日开展主题活动时，可能呈现了传统文化中恰当的物来呈现，并对此物的意义有一定的展现与阐释。而园所所呈现的所有的"物"，以及对"物"的解释或运用并不具有传统的意味，或者是未将传统的意味显现得更加具有感召力，而是受到了多元文化的被动性稀释或简单化的替代。根据皮尔斯的符号观点，就是物的错位不仅体现在"代表项"上，也体现在"解释项"之上。

最后可以引入一个常见的现象来予以反思：在过去的教育努力中，幼教工作者尝试运用节日或经典传统物件，如"中国结"来开展中华优秀传统文化教育，为何没有采用更丰富更具有感召力的素材来开展？究其根本原因，就是以"物"的形式，或者说以"符号"的形式呈现的中华优秀传统文化的创造性转化与创新性发展落后了大半个世纪。在符号及资源有限的情况下，幼教工作者自身也无法建构出相应的符号教育空间来施以相应的教育理想。

很遗憾看到这样的现状：经典蒙学《龙文鞭影》中的两千多个人物仍然沉睡在蒙书之中，即使是到了新的时代，虽然有所增益，但我国仍然缺少现代美学伯乐，有意愿与能力将他们从历史长河中唤醒，在全球多元文化中一展中华传统文化的拳脚，将其转化成为绘本、电影、玩偶等具有重大感召力的幼儿教育符号体系①；传统的物件也缺乏时代塑模，仍以"文化遗产"

---

① 2023 年 7 月公映的电影《长安三万里》（展现了立体化的盛唐诗人形象）、歌手刀郎的流行歌曲《罗刹海市》（蒲松龄作品的现代式反讽）属于传统文化创新转型的成功案例。

自居，主动丧失了主体教育地位，而以国风美学为代表的其他艺术成果未能在幼儿园教学活动中成为幼儿所喜爱的物件；高等院校学前教育人才培养体系中也少见对传统文化的传承，传统文化相关课程不是专业核心课程，甚至不是专业课程，导致大部分学前专业学生只是听说过《唐诗三百首》，停留在《三字经》《弟子规》等常识性阶段，仅有少数人在偶然的机遇中了解到"诗教是古代幼儿教育的典范"，古代蒙学教学体系中尚有《幼学琼林》这样的奇书，对古代的童子在接受什么样的文化熏陶与人格要求略有了解。幼教储备工作群体不甚了解传统文化，商业文化体系也在不断压制传统文化的符号性存在，这是传统文化符号教育的重大忧患，因此，要真正建构出理想的中华优秀传统文化教育符号空间，其文化符号自身的发展及蜕变还有待后来者共同创造予以实现。

参考文献

［1］冯友兰．中国哲学简史［M］．北京：生活・读书・新知三联书店，
2009.

［2］石中英．教育哲学［M］．北京：北京师范大学出版社，2007.

［3］赵复山．中国哲学简史［M］．北京：生活・读书・新知三联书社，
2009.

［4］钱穆．中国文化史导论［M］．北京：商务印书馆，1994.

［5］保罗・利科．诠释学与人文科学：语言行为解释文集［M］．北京：中
国人民大学出版社，2012.

［6］约翰・杜威．民主主义与教育［M］．北京：人民教育出版社，2019.

［7］冯天瑜．明清文化史散论［M］．武汉：湖北人民出版社．2018.

［8］刘铁芳．什么是好的教育：学校教育的哲学阐释［M］．北京：高等教
育出版社，2014.

［9］刘铁芳．比技术更重要的是观念［M］．北京：北京师范大学出版社，
2017.

［10］黄小鹏，宋文里．布鲁纳教育文化观［M］．北京：首都师范大学出
版社，2011.

［11］张华．课程与教学论［M］．上海：上海教育出版社，2004.

［12］安·S. 爱泼斯坦. 社会学习：关键发展指标与支持性教学策略［M］.
北京：教育科学出版社，2018.

［13］约瑟夫·托宾，薛烨，唐泽真弓. 重访三种文化中的幼儿园［M］.
朱家雄，薛烨，译. 上海：华东师范大学出版社，2014.

［14］庞丽娟. 中国教育改革 30 年：学前教育卷［M］. 北京：北京师范大
学出版社，2008.

［15］吴洪成，中国近代中小学教学方法史论［M］. 北京：知识产权出版
社，2016.

［16］曾天山. 教材论［M］. 南昌：江西教育出版社，1997.

［17］朱家雄. 当今我国学前教育事业发展面临的主要问题及政策导向
［M］. 上海：华东师范大学出版社，2016

［18］朱家雄. 黄绿相间的银杏叶［M］. 上海：上海教育出版社，2020.

［19］庞丽娟. 中国教育改革 30 年：学前教育卷［M］. 北京：北京师范大
学出版社，2008.

［20］唐淑. 学前教育史［M］. 北京：人民教育出版社，2019.

［21］万资姿. 符号与文化创造［M］. 北京：中国社会科学出版社，2011

［22］薛晨. 日常生活意义世界：一个符号学路径［M］. 成都：四川大学
出版社，2020.

［23］张志公. 传统语文教育教材论：暨蒙学书目和书影［M］. 北京：中
华书局，2010.

［24］陆养涛. 中国古代蒙学书大观［M］. 上海：同济大学出版社，1995.

［25］张隆华，曾仲珊. 中国古代语文教育史［M］. 2 版. 成都：四川教育
出版社，2000.

［26］李嘉瑶. 教材学概要［M］. 西安：西北工业大学出版社，1989.

［27］李坤. 教材建设与管理［M］. 北京：国防工业出版社，1993.

［28］熊承涤. 中国古代学校教材研究［M］. 北京：人民教育出版社，

1996.

［29］吴洪成．中国学校教材史［M］．重庆：西南师范大学出版社，1998.

［30］张慧楠．幼学琼林（上）［M］．北京：中华书局，2013.

［31］张慧楠．幼学琼林（下）［M］．北京：中华书局，2013.

［32］张传燧，刘欢．教育文化的迷失与重塑［J］．教育文化论坛，2018，10（4）．

［33］郑旭东，陈荣．从"教育过程"到"教育文化"：百年回望布鲁纳［J］．电化教育研究，2019，40（6）．

［34］霍力岩，龙正渝，高宏钰，等．幼儿教育传承中华优秀传统文化的基本成效、现实挑战与对策建议［J］．中国教育学刊，2022（5）．

［35］周彬．论技术时代高质量教师教育的路径建构［J］．教师教育研究，2023，35（2）．

［36］赵南．幼儿园选用教材及教师指导用书的现状与存在问题分析：以湖南省为例［J］．湖南师范大学教育科学学报，2013，12（3）．

［37］张晖．试论对幼儿园教材的价值审视［J］．学前教育研究，2006（4）．

［38］彭茜．幼儿园游戏课程存在方式的生态学分析［J］．教育研究，2021，42（12）．

［39］皮军功．文化适应与创新：幼儿生活教学论纲［J］．学前教育研究，2012（3）．

［40］张晖．试论对幼儿园教材的价值审视［J］．学前教育研究，2006（4）．

［41］李云淑．我国幼儿园教学资源样本研究方法运用现状与反思［J］．上海教育科研，2016（1）．

［42］赵南．教师理解儿童的依据与层次［J］．学前教育研究，2021（10）．

［43］赵占良．试论教材的功能定位［J］．课程·教材·教法，2021，41

（12）.

[44] 唐丽芳，丁浩然．建构以质量为核心的教材评价体系［J］．教育研究，2019，40（2）.

[45] 王攀峰，孙文静．接受分析：一种值得关注的教科书研究方法［J］．教育学报，2021，17（5）.

[46] 李功连．教科书使用共同体：内涵、特征及实践［J］．课程·教材·教法，2021，41（12）.

[47] 杨启亮．教材的功能：一种超越知识观的解释［J］．课程·教材·教法，2002（12）.

[48] 霍力岩，孙蔷蔷，龙正渝．中国高质量学前教育指标体系建构研究［J］．华东师范大学学报（教育科学版），2022，40（1）.

[49] 石鸥．教科书的基本特征［J］．教育研究，2012，4（387）.

[50] 王攀峰，孙文静．国外教科书研究的演进历程与逻辑路向［J］．北京教育学院学报，2021，35（4）.

[51] 陆宝君，曾敬香．幼儿园教学资源优秀传统文化融入现状：基于凤凰小康轩和岭南版的教材分析［J］．教育观察，2020，9（16）.

[52] 高德胜．"文化母乳"：基础教育教材的功能定位［J］．全球教育展望，2019，48（4）.

[53] 曾天山．国外关于教科书功能论争的述评［J］．西南师范大学学报（哲学社会科学版），1998（2）.

[54] 杜传坤．儿童文学的化育：幼儿园传统文化教育的路径探索［J］．学前教育研究，2021（9）.

[55] 刘琴，田穗．儿童礼仪教育的文化之根与传统经典借鉴［J］．中国教育学刊，2017（8）.

[56] 崔岐恩，王志荣，赵敏．基于符号学逻辑的学校变迁［J］．浙江社会科学，2021（11）.

［57］崔岐恩，张晓霞．符号教育：美国儿童学习的奥秘［J］．当代教育与文化，2020，12（2）．

［58］刘丽群．从语言到话语：教科书文本分析的话语转向［J］．教育学术月刊，2014（6）．

［59］冯铁山，栗洪武．论先秦儒家的诗意德育［J］．教育研究，2009（8）．

［60］宋晔．隐喻语言的教育学意义［J］．教育评论，2003（1）．

［61］孙慧玲．21世纪初传统蒙学出版情况研究［J］．出版广角，2018（3）．

［62］杨道宇．论课程文本的意义与意味［J］．全球教育展望，2013（7）．

［63］刘爱华．明清时期学校教材研究：基于文本的考察［D］．长沙：湖南师范大学，2020．

附录1　幼儿园教材（教师用书）使用现状及功能调查问卷

尊敬的幼儿园老师：

你们辛苦了！本项目拟对幼儿园教材（教师用书）的使用现状进行调查，填写内容仅作为研究使用，请您务必填写完整。如有省内外其他幼儿园教师联系方式，烦请您推荐参与填写，不胜感激！再次感谢您的参与，如有必要，在您的允许下，项目负责人将会与您约定时间进行深度访谈交流。

1. 您的性别：[单选题]*

○男　　○女

2. 您所工作的幼儿园所在地区（省、市、县、乡镇、村）：[填空题]*

请填写至县、乡镇、村

---

3. 基本信息：[矩阵文本题]*

姓名	
年龄	
您工作所在的幼儿园（全称）	

4. 你的学历为：［单选题］*

○中专以下

○中专

○大专

○本科

○硕士

○博士

5. 请输入您的手机号码便于今后与您取得联系：［填空题］*

_____

6. 你从事幼儿工作的年限为 ［单选题］*

○1 年及以下

○1～2 年

○2～3 年

○3～4 年

○4～5 年及以上

7. 近 3 年幼儿园所使用的教材 1 全称：_____

主编：_____

出版社：_____ ［填空题］*

8. 近 3 年幼儿园所使用的教材 2 全称：_____

主编：_____

出版社：_____ ［填空题］

如不止使用 1 本教材，请务必填写

9. 近 3 年幼儿园所使用的教材 3 全称：_____

主编：_____

出版社：_____ ［填空题］

如不止使用 2 本教材，请务必填写

10. 近3年幼儿园所使用的教材4全称：＿＿＿＿＿＿＿＿＿＿＿＿＿

主编：＿＿＿＿＿＿＿＿＿＿＿＿＿＿＿＿＿＿＿＿＿＿＿＿＿＿＿＿＿

出版社：＿＿＿＿＿＿＿＿＿＿＿＿＿＿＿＿＿＿＿＿＿〔填空题〕

如不止使用3本教材，请务必填写

11. 根据您的使用经验，请您推荐2种最适宜的教材，其中第1本的名

称为：＿＿＿＿＿＿＿＿＿＿＿＿＿＿＿＿＿＿＿＿＿〔填空题〕*

12. 根据您的使用经验，请您推荐2种最适宜的教材，其中第2本的名

称为：＿＿＿＿＿＿＿＿＿＿＿＿＿＿＿＿＿＿＿＿＿〔填空题〕*

13. 请您用1句话概括幼儿园教材（教师用书）的价值：

＿＿＿＿＿＿＿＿＿＿＿＿＿＿＿＿＿＿＿＿＿＿＿＿〔填空题〕*

14. 您所在幼儿园订购的教材数量为：〔单选题〕*

○每名教师配备一套

○全园2~3套

○全园仅1套仅使用

○全园3套以上

15. 您使用教材的主要功能有：〔多选题〕*

□执行所在园所教学计划

□辅助选择适宜的各类教学活动

□随机参考教学过程实施细节

□扩展学习儿童教育理念

□参考园所环境创造与设计

□寻找儿童教育难点方案

□反思教师教育教学活动

□对照观察儿童发展五大领域均衡发展

□为创新各类教学活动查找资料

□如有其他，请填写

16. 如果第 15 题选择了多项，请您再次选择对你而言功能最大的 3 项，按重要程度排序如下：[填空题]*

---

17. 您所在的园所是否参照所选教材进行教学安排，采取相应方案？请根据实际情况适宜选择相应的选项。[多选题]*

☐是，园所要求采用率达 90%

☐是，园所要求采用率达 70%

☐是，园所要求采用率达 50%

☐很少，园所未做要求，仅由教师个人自由参考

☐很少，仅建议教师自主选择部分活动

☐教师为便于教学，自主选购教材以作为参考

18. 您所在的园所是否结合所使用的教材开展了教研活动？[单选题]*

○定期开展与教材相关的教研活动，制度化考核

○不定期开展与教材相关的教研活动，制度化考核

○开展教研活动，但与所用教材无关

○开展与教材相关的教研活动，但无考核

19. 您是否参考过国外的幼儿园教材？[单选题]*

○是

○否

20. 如果您参考过国外教材，请告知该教材名称。[填空题]

---

21. 请结合您的幼教经验，给目前所使用的教材提出 2 点建议 [填空题]*

(1)：_____

22. 请结合您的幼教经验，给目前所使用的教材提出 2 点建议 [填空题] *

(2)：_____

23. 您是否可以推荐省内外其他幼儿园教师填写此项问卷？[单选题] *

○是

○否

24. 你是否愿意与项目负责人进行深度访谈交流？[单选题] *

○是

○否

附录2　关于实施中华优秀传统文化传承发展工程的意见

文化是民族的血脉，是人民的精神家园。文化自信是更基本、更深层、更持久的力量。中华文化独一无二的理念、智慧、气度、神韵，增添了中国人民和中华民族内心深处的自信和自豪。为建设社会主义文化强国，增强国家文化软实力，实现中华民族伟大复兴的中国梦，现就实施中华优秀传统文化传承发展工程提出如下意见。

一、重要意义和总体要求

1. 重要意义。中华文化源远流长、灿烂辉煌。在5000多年文明发展中孕育的中华优秀传统文化，积淀着中华民族最深沉的精神追求，代表着中华民族独特的精神标识，是中华民族生生不息、发展壮大的丰厚滋养，是中国特色社会主义植根的文化沃土，是当代中国发展的突出优势，对延续和发展中华文明、促进人类文明进步，发挥着重要作用。

中国共产党在领导人民进行革命、建设、改革伟大实践中，自觉肩负起传承发展中华优秀传统文化的历史责任，是中华优秀传统文化的忠实继承者、弘扬者和建设者。党的十八大以来，在以习近平同志为核心的党中央领导下，各级党委和政府更加自觉、更加主动推动中华优秀传统文化的传承与发展，开展了一系列富有创新、富有成效的工作，有力增强了中华优秀传统文化的凝聚力、影响力、创造力。同时要看到，随着我国经济社会深刻变革、对外开放日益扩大、互联网技术和新媒体快速发展，各种思想文化交流交融交锋更加频繁，迫切需要深化对中华优秀传统文化重要性的认识，进一步增强文化自觉和文化自信；迫切需要深入挖掘中华优秀传统文化价值内涵，进一步激发中华优秀传统文化的生机与活力；迫切需要加强政策支持，着力构建中华优秀传统文化传承发展体系。实施中华优秀传统文化传承发展工程，是建设社会主义文化强国的重大战略任务，对于传承中华文脉、全面提升人民群众文化素养、维护国家文化安全、增强国家文化软实力、推进国家治理体系和治理能力现代化，具有重要意义。

2. 指导思想。高举中国特色社会主义伟大旗帜，全面贯彻党的十八大和十八届三中、四中、五中、六中全会精神，坚持以马克思列宁主义、毛泽东思想、邓小平理论、"三个代表"重要思想、科学发展观为指导，深入贯彻习近平总书记系列重要讲话精神和治国理政新理念新思想新战略，紧紧围绕实现中华民族伟大复兴的中国梦，深入贯彻新发展理念，坚持以人民为中心的工作导向，坚持以社会主义核心价值观为引领，坚持创造性转化、创新性发展，坚守中华文化立场、传承中华文化基因，不忘本来、吸收外来、面向未来，汲取中国智慧、弘扬中国精神、传播中国价值，不断增强中华优秀传统文化的生命力和影响力，创造中华文化新辉煌。

3. 基本原则

——牢牢把握社会主义先进文化前进方向。坚持中国特色社会主义文化发展道路，立足于巩固马克思主义在意识形态领域的指导地位、巩固全党全国人民团结奋斗的共同思想基础，弘扬社会主义核心价值观，培育民族精神和时代精神，解决现实问题、助推社会发展。

——坚持以人民为中心的工作导向。坚持为了人民、依靠人民、共建共享，注重文化熏陶和实践养成，把跨越时空的思想理念、价值标准、审美风范转化为人们的精神追求和行为习惯，不断增强人民群众的文化参与感、获得感和认同感，形成向上向善的社会风尚。

——坚持创造性转化和创新性发展。坚持辩证唯物主义和历史唯物主义，秉持客观、科学、礼敬的态度，取其精华、去其糟粕，扬弃继承、转化创新，不复古泥古，不简单否定，不断赋予新的时代内涵和现代表达形式，不断补充、拓展、完善，使中华民族最基本的文化基因与当代文化相适应、与现代社会相协调。

——坚持交流互鉴、开放包容。以我为主、为我所用，取长补短、择善而从，既不简单拿来，也不盲目排外，吸收借鉴国外优秀文明成果，积极参与世界文化的对话交流，不断丰富和发展中华文化。

——坚持统筹协调、形成合力。加强党的领导，充分发挥政府主导作用和市场积极作用，鼓励和引导社会力量广泛参与，推动形成有利于传承发展中华优秀传统文化的体制机制和社会环境。

4. 总体目标。到 2025 年，中华优秀传统文化传承发展体系基本形成，研究阐发、教育普及、保护传承、创新发展、传播交流等方面协同推进并取得重要成果，具有中国特色、中国风格、中国气派的文化产品更加丰富，文化自觉和文化自信显著增强，国家文化软实力的根基更为坚实，中华文化的国际影响力明显提升。

二、主要内容

5. 核心思想理念。中华民族和中国人民在修齐治平、尊时守位、知常达变、开物成务、建功立业过程中培育和形成的基本思想理念，如革故鼎新、与时俱进的思想，脚踏实地、实事求是的思想，惠民利民、安民富民的思想，道法自然、天人合一的思想等，可以为人们认识和改造世界提供有益启迪，可以为治国理政提供有益借鉴。传承发展中华优秀传统文化，就要大力弘扬讲仁爱、重民本、守诚信、崇正义、尚和合、求大同等核心思想理念。

6. 中华传统美德。中华优秀传统文化蕴含着丰富的道德理念和规范，如天下兴亡、匹夫有责的担当意识，精忠报国、振兴中华的爱国情怀，崇德向善、见贤思齐的社会风尚，孝悌忠信、礼义廉耻的荣辱观念，体现着评判是非曲直的价值标准，潜移默化地影响着中国人的行为方式。传承发展中华优秀传统文化，就要大力弘扬自强不息、敬业乐群、扶危济困、见义勇为、孝老爱亲等中华传统美德。

7. 中华人文精神。中华优秀传统文化积淀着多样、珍贵的精神财富，如求同存异、和而不同的处世方法，文以载道、以文化人的教化思想，形神兼备、情景交融的美学追求，俭约自守、中和泰和的生活理念等，是中国人民思想观念、风俗习惯、生活方式、情感样式的集中表达，滋养了独特丰富的文学艺术、科学技术、人文学术，至今仍然具有深刻影响。传承发展中华优秀传统文化，就要大力弘扬有利于促进社会和谐、鼓励人们向上向善的思想文化内容。

三、重点任务

8. 深入阐发文化精髓。加强中华文化研究阐释工作，深入研究阐释中华文化的历史渊源、发展脉络、基本走向，深刻阐明中华优秀传统文化是发展当代中国马克思主义的丰厚滋养，深刻阐明传承发展中华优秀传统文化是建设中国特色社会主义事业的实践之需，深刻阐明丰富多彩的多民族文化是中华文化的基本构成，深刻阐明中华文明是在与其他文明不断交流互鉴中丰富发展的，着力构建有中国底蕴、中国特色的思想体系、学术体系和话语体系。加强党史国史及相关档案编修，做好地方史志编纂工作，巩固中华文明探源成果，正确反映中华民族文明史，推出一批研究成果。实施中华文化资源普查工程，构建准确权威、开放共享的中华文化资源公共数据平台。建立国家文物登录制度。建设国家文献战略储备库、革命文物资源目录和大数据库。实施国家古籍保护工程，完善国家珍贵古籍名录和全国古籍重点保护单位评定制度，加强中华文化典籍整理编纂出版工作。完善非物质文化遗产、馆藏革命文物普查建档制度。

9. 贯穿国民教育始终。围绕立德树人根本任务，遵循学生认知规律和教育教学规律，按照一体化、分学段、有序推进的原则，把中华优秀传统文化全方位融入思想道德教育、文化知识教育、艺术体育教育、社会实践教育各环节，贯穿于启蒙教育、基础教育、职业教育、高等教育、继续教育各领域。以幼儿、小学、中学教材为重点，构建中华文化课程和教材体系。编写中华文化幼儿读物，开展"少年传承中华传统美德"系列教育活动，创作系列绘本、童谣、儿歌、动画等。修订中小学道德与法治、语文、历史等课程教材。推动高校开设中华优秀传统文化必修课，在哲学社会科学及相关学科专业和课程中增加中华优秀传统文化的内容。加强中华优秀传统文化相关学科建设，重视保护和发展具有重要文化价值和传承意义的"绝学"、冷门学科。推进职业院校民族文化传承与创新示范专业点建设。丰富拓展校园文化，推进戏曲、书法、高雅艺术、传统体育等进校园，实施中华经典诵读工程，开设中华文化公开课，抓好传统文化教育成果展示活动。研究制定国民语言教育大纲，开展好国民语言教育。加强面向全体教师的中华文化教育培训，全面提升师资队伍水平。

10. 保护传承文化遗产。坚持保护为主、抢救第一、合理利用、加强管理的方针，做好文物保护工作，抢救保护濒危文物，实施馆藏文物修复计划，加强新型城镇化和新农村建设中的文物保护。加强历史文化名城名镇名村、历史文化街区、名人故居保护和城市特色风貌管理，实施中国传统村落保护工程，做好传统民居、历史建筑、革命文化纪念地、农业遗产、工业遗产保护工作。规划建设一批国家文化公园，成为中华文化重要标识。推进地名文化遗产保护。实施非物质文化遗产传承发展工程，进一步完善非物质文化遗产保护制度。实施传统工艺振兴计划。大力推广和规范使用国家通用语言文字，保护传承方言文化。开展少数民族特色文化保护工作，加强少数民族语言文字和经典文献的保护和传播，做好少数民族经典文献和汉族经典文献互译出版工作。实施中华民族音乐传承出版工程、中国民间文学大系出版工程。推动民族传统体育项目的整理研究和保护传承。

11. 滋养文艺创作。善于从中华文化资源宝库中提炼题材、获取灵感、汲取养分，把中华优秀传统文化的有益思想、艺术价值与时代特点和要求相结合，运用丰富多样的艺术形式进行当代表达，推出一大批底蕴深厚、涵育人心的优秀文艺作品。科学编制重大革命和历史题材、现实题材、爱国主义题材、青少年题材等专项创作规划，提高创作生产组织化程度，彰显中华文化的精神内涵和审美风范。加强对中华诗词、音乐舞蹈、书法绘画、曲艺杂技和历史文化纪录片、动画片、出版物等的扶持。实施戏曲振兴工程，做好戏曲"像音像"工作，挖掘整理优秀传统剧目，推进数字化保存和传播。实施网络文艺创作传播计划，推动网络文学、网络音乐、网络剧、微电影等传承发展中华优秀传统文化。实施中国经典民间故事动漫创作工程、中华文化电视传播工程，组织创作生产一批传承中华文化基因、具有大众亲和力的动画片、纪录片和节目栏目。大力加强文艺评论，改革完善文艺评奖，建立有中国特色的文艺研究评论体系，倡导中华美学精神，推动美学、美德、美文相结合。

12. 融入生产生活。注重实践与养成、需求与供给、形式与内容相结合，把中华优秀传统文化内涵更好更多地融入生产生活各方面。深入挖掘城市历史文化价值，提炼精选一批凸显文化特色的经典性元素和标志性符号，纳入城镇化建设、城市规划设计，合理应用于城市雕塑、广场园林等公共空间，避免千篇一律、千城一面。挖掘整理传统建筑文化，鼓励建筑设计继承创新，推进城市修补、生态修复工作，延续城市文脉。加强"美丽乡村"文化建设，发掘和保护一批处处有历史、步步有文化的小镇和村庄。用中华优秀传统文化的精髓涵养企业精神，培育现代企业文化。实施中华老字号保护发展工程，支持一批文化特色浓、品牌信誉高、有市场竞争力的中华老字号做精做强。深入开展"我们的节日"主题活动，实施中国传统节日振兴工程，丰富春节、元宵、清明、端午、七夕、中秋、重阳等传统节日文化内涵，形成新的节日习俗。加强对传统历法、节气、生肖和饮食、医药等的研究阐释、活态利用，使其有益的文化价值深度嵌入百姓生活。实施中华节庆礼仪服装服饰计划，设计制作展现中华民族独特文化魅力的系列服装服饰。大力发展文化旅游，充分利用历史文化资源优势，规划设计推出一批专题研学旅游线路，引导游客在文化旅游中感知中华文化。推动休闲生活与传统文化融合发展，培育符合现代人需求的传统休闲文化。发展传统体育，抢救濒危传统体育项目，把传统体育项目纳入全民健身工程。

13. 加大宣传教育力度。综合运用报纸、书刊、电台、电视台、互联网站等各类载体，融通多媒体资源，统筹宣传、文化、文物等各方力量，创新表达方式，大力彰显中华文化魅力。实施中华文化新媒体传播工程。充分发挥图书馆、文化馆、博物馆、群艺馆、美术馆等公共文化机构在传承发展中华优秀传统文化中的作用。编纂出版系列文化经典。加强革命文物工作，实施革命文物保护利用工程，做好革命遗址、遗迹、烈士纪念设施的保护和利用。推动红色旅游持续健康发展。深入开展"爱我中华"主题教育，充分利用重大历史事件和中华历史名人纪念活动、国家公祭仪式、烈士纪念日，充分利用各类爱国主义教育基地、历史遗迹等，展示爱国主义深刻内涵，培育爱国主义精神。加强国民礼仪教育。加大对国家重要礼仪的普及教育与宣传力度，在国家重大节庆活动中体现仪式感、庄重感、荣誉感，彰显中华传统礼仪文化的时代价值，树立文明古国、礼仪之邦的良好形象。研究提出承接传统习俗、符合现代文明要求的社会礼仪、服装服饰、文明用语规范，建立健全各类公共场所和网络公共空间的礼仪、礼节、礼貌规范，推动形成良好的言行举止和礼让宽容的社会风尚。把优秀传统文化思想理念体现在社会规范中，与制定市民公约、乡规民约、学生守则、行业规章、团体章程相结合。弘扬孝敬文化、慈善文化、诚信文化等，开展节俭养德全民行动和学雷锋志愿服务。广泛开展文明家庭创建活动，挖掘和整理家训、家书文化，用优良的家风家教培育青少年。挖掘和保护乡土文化资源，建设新乡贤文化，培育和扶持乡村文化骨干，提升乡土文化内涵，形成良性乡村文化生态，让子孙后代记得住乡愁。加强港澳台中华文化普及和交流，积极举办以中华文化为主题的青少年夏令营、冬令营以及诵读和书写中华经典等交流活动，鼓励港澳台艺术家参与国家在海外举办的感知中国、中国文化年（节）、欢乐春节等品牌活动，增强国家认同、民族认同、文化认同。

14. 推动中外文化交流互鉴。加强对外文化交流合作，创新人文交流方式，丰富文化交流内容，不断提高文化交流水平。充分运用海外中国文化中心、孔子学院，文化节展、文物展览、博览会、书展、电影节、体育活动、旅游推介和各类品牌活动，助推中华优秀传统文化的国际传播。支持中华医药、中华烹饪、中华武术、中华典籍、中国文物、中国园林、中国节日等中华传统文化代表性项目走出去。积极宣传推介戏曲、民乐、书法、国画等我国优秀传统文化艺术，让国外民众在审美过程中获得愉悦、感受魅力。加强"一带一路"沿线国家文化交流合作。鼓励发展对外文化贸易，让更多体现中华文化特色、具有较强竞争力的文化产品走向国际市场。探索中华文化国际传播与交流新模式，综合运用大众传播、群体传播、人际传播等方式，构建全方位、多层次、宽领域的中华文化传播格局。推进国际汉学交流和中外智库合作，加强中国出版物国际推广与传播，扶持汉学家和海外出版机构翻译出版中国图书，通过华侨华人、文化体育名人、各方面出境人员，依托我国驻外机构、中资企业、与我友好合作机构和世界各地的中餐馆等，讲好中国故事、传播好中国声音、阐释好中国特色、展示好中国形象。

四、组织实施和保障措施

15. 加强组织领导。各级党委和政府要从坚定文化自信、坚持和发展中国特色社会主义、实现中华民族伟大复兴的高度，切实把中华优秀传统文化传承发展工作摆上重要日程，加强宏观指导，提高组织化程度，纳入经济社会发展总体规划，纳入考核评价体系，纳入各级党校、行政学院教学的重要内容。各级党委宣传部门要发挥综合协调作用，整合各类资源，调动各方力量，推动形成党委统一领导、党政群协同推进、有关部门各负其责、全社会共同参与的中华优秀传统文化传承发展工作新格局。各有关部门和群团组织要按照责任分工，制定实施方案，完善工作机制，把各项任务落到实处。

16. 加强政策保障。加强中华优秀传统文化传承发展相关扶持政策的制定与实施，注重政策措施的系统性协同性操作性。加大中央和地方各级财政支持力度，同时统筹整合现有相关资金，支持中华优秀传统文化传承发展重点项目。制定和完善惠及中华优秀传统文化传承发展工程项目的金融支持政策。加大对国家重要文化和自然遗产、国家级非物质文化遗产等珍贵遗产资源保护利用设施建设的支持力度。建立中华优秀传统文化传承发展相关领域和部门合作共建机制。制定文物保护和非物质文化遗产保护专项规划。制定和完善历史文化名城名镇名村和历史文化街区保护的相关政策。完善相关奖励、补贴政策，落实税收优惠政策，引导和鼓励企业、社会组织及个人捐赠或共建相关文化项目。建立健全中华优秀传统文化传承发展重大项目首席专家制度，培养造就一批人民喜爱、有国际影响的中华文化代表人物。完善中华优秀传统文化传承发展的激励表彰制度，对为中华优秀传统文化传承发展和传播交流作出贡献、建立功勋、享有声誉的杰出海内外人士按规定授予功勋荣誉或进行表彰奖励。有关部门要研究出台入学、住房保障等方面的倾斜政策和措施，用以倡导和鼓励自强不息、敬业乐群、扶正扬善、扶危济困、见义勇为、孝老爱亲等传统美德。

17. 加强文化法治环境建设。修订文物保护法。制定文化产业促进法、公共图书馆法等相关法律，对中华优秀传统文化传承发展有关工作作出制度性安排。在教育、科技、卫生、体育、城乡建设、互联网、交通、旅游、语言文字等领域相关法律法规的制定修订中，增加中华优秀传统文化传承发展内容。加大涉及保护传承弘扬中华优秀传统文化法律法规施行力度，加强对法律法规实施情况的监督检查。充分发挥各行政主管部门在传承发展中华优秀传统文化中的重要作用，建立完善联动机制，严厉打击违法经营行为。加强法治宣传教育，增强全社会依法传承发展中华优秀传统文化的自觉意识，形成礼敬守护和传承发展中华优秀传统文化的良好法治环境。各地要根据本地传统文化传承保护的现状，制定完善地方性法规和政府规章。

18. 充分调动全社会积极性创造性。传承发展中华优秀传统文化是全体中华儿女的共同责任。坚持全党动手、全社会参与，把中华优秀传统文化传承发展的各项任务落实到农村、企业、社区、机关、学校等城乡基层。各类文化单位机构、各级文化阵地平台，都要担负起守护、传播和弘扬中华优秀传统文化的职责。各类企业和社会组织要积极参与文化资源的开发、保护与利用，生产丰富多样、社会价值和市场价值相统一、人民喜闻乐见的优质文化产品，扩大中高端文化产品和服务的供给。充分尊重工人、农民、知识分子的主体地位，发挥领导干部的带头作用，发挥公众人物的示范作用，发挥青少年的生力军作用，发挥先进模范的表率作用，发挥非公有制经济组织和社会组织从业人员的积极作用，发挥文化志愿者、文化辅导员、文艺骨干、文化经营者的重要作用，形成人人传承发展中华优秀传统文化的生动局面。

附录3 教育部关于印发 《完善中华优秀传统文化教育指导纲要》 的通知

教社科〔2014〕3 号

各省、自治区、直辖市教育厅 （教委），新疆生产建设兵团教育局，有关部门 （单位） 教育司 （局），部属各高等学校：

经国家教育体制改革领导小组审议同意，现将《完善中华优秀传统文化教育指导纲要》印发给你们，请结合实际认真贯彻执行。

教育部

2014 年 3 月 26 日

完善中华优秀传统文化教育指导纲要

为贯彻落实党的十八届三中全会关于完善中华优秀传统文化教育的精神，落实立德树人根本任务，进一步加强新形势下中华优秀传统文化教育，制定本指导纲要。

一、加强中华优秀传统文化教育的重要性和紧迫性

1. 加强中华优秀传统文化教育，是深化中国特色社会主义教育和中国梦宣传教育的重要组成部分。中国特色社会主义道路是在对中华民族 5000

多年悠久文明的传承中走出来的，具有深厚的历史渊源和广泛的现实基础。加强中华优秀传统文化教育，对于引导青少年学生更加全面准确地认识中华民族的历史传统、文化积淀、基本国情，认清中国特色社会主义的历史必然性，坚定走中国特色社会主义道路、实现中华民族伟大复兴中国梦的理想信念，具有重大而深远的历史意义。

2. 加强中华优秀传统文化教育，是构建中华优秀传统文化传承体系，推动文化传承创新的重要途径。当今世界，文化在综合国力竞争中的地位和作用更加凸显，越来越成为民族凝聚力和创造力的重要源泉，博大精深的中华优秀传统文化是我们在世界文化激荡中站稳脚跟的根基。青少年学生是祖国的未来，民族的希望，加强对青少年学生的中华优秀传统文化教育，对于培养中华优秀传统文化的继承者和弘扬者，推动文化传承创新，建设社会主义先进文化具有基础作用。

3. 加强中华优秀传统文化教育，是培育和践行社会主义核心价值观，落实立德树人根本任务的重要基础。世界多极化、经济全球化深入发展，国内经济社会转轨转型，深刻变革，现代传播技术迅猛发展，世界范围内各种思想文化的交流交融交锋更加频繁，社会思想观念日益活跃。青少年学生思想意识更加自主，价值追求更加多样，个性特点更加鲜明，社会上一些不良思想倾向和道德行为，对青少年学生健康成长产生了不容忽视的影响。加强中华优秀传统文化教育，对于引导青少年学生增强民族文化自信和价值观自信，自觉践行社会主义核心价值观具有重要作用。

4. 加强中华优秀传统文化教育，必须正视面临的一系列困难和挑战。改革开放以来特别是新世纪以来，中华优秀传统文化教育不断加强，取得了显著成效，对于培养学生良好思想品德和行为习惯，培育和弘扬爱国主义精神，增强文化自觉自信等方面发挥了积极作用。但是，面对新形势、新要求，中华优秀传统文化教育还存在不少突出问题，对中华优秀传统文化教育重要性的认识有待进一步提高，教育内容的系统性、整体性还明显不足，重知识讲授、轻精神内涵阐释的现象还比较普遍，课程和教材体系有待完善，教师队伍整体素质有待提升，全社会共同参与的教育合力有待加强等，有效解决这些问题，迫切需要进一步完善中华优秀传统文化教育。

二、加强中华优秀传统文化教育的指导思想、基本原则和主要内容

5. 加强中华优秀传统文化教育的指导思想。坚持以邓小平理论、"三个代表"重要思想、科学发展观为指导，深入贯彻落实党的十八大、十八届三中全会精神和习近平总书记系列重要讲话精神，全面贯彻党的教育方针，积极培育和践行社会主义核心价值观，围绕立德树人根本任务，以弘扬爱国主义为核心的团结统一、爱好和平、勤劳勇敢、自强不息的民族精神为主线，以推进大中小学中华优秀传统文化教育一体化为重点，整体规划、分层设计、有机衔接、系统推进，促进青少年学生全面发展，培养富有民族自信心和爱国主义精神的社会主义事业建设者和接班人。

6. 加强中华优秀传统文化教育的基本原则。

——坚持中华优秀传统文化教育与培育和践行社会主义核心价值观相结合。要坚持历史唯物主义和辩证唯物主义的立场、观点和方法，深入挖掘和阐发中华优秀传统文化讲仁爱、重民本、守诚信、崇正义、尚和合、求大同的时代价值。要处理好继承和创新的关系，重点做好创造性转化和创新性发展。

——坚持中华优秀传统文化教育与时代精神教育和革命传统教育相结合。既要大力弘扬以爱国主义为核心的民族精神，又要积极弘扬以改革创新为核心的时代精神，继承和弘扬革命传统文化。

——坚持弘扬中华优秀传统文化与学习借鉴国外优秀文化成果相结合。既要高度重视培育学生的民族自信心、自豪感，又要注重引导学生树立世界眼光，博采众长。

——坚持课堂教育与实践教育相结合。既要充分发挥课堂教学的主渠道作用，又要注重发挥课外活动和社会实践的重要作用。

——坚持学校教育、家庭教育、社会教育相结合。既要发挥学校主阵地作用，又要加强家庭、社会与学校之间的配合，形成教育合力。

——坚持针对性与系统性相结合。既要根据不同学段学生身心发展特点，区分层次，突出重点，又要加强各学段的有机衔接，逐步推进。

7. 开展中华优秀传统文化教育的主要内容。中华优秀传统文化是中华民族语言习惯、文化传统、思想观念、情感认同的集中体现，凝聚着中华民族普遍认同和广泛接受的道德规范、思想品格和价值取向，具有极为丰富的思想内涵。加强对青少年学生的中华优秀传统文化教育，要以弘扬爱国主义精神为核心，以家国情怀教育、社会关爱教育和人格修养教育为重点，着力完善青少年学生的道德品质，培育理想人格，提升政治素养。

——开展以天下兴亡、匹夫有责为重点的家国情怀教育。着力引导青少年学生深刻认识中国梦是每个人的梦，以祖国的繁荣为最大的光荣，以国家的衰落为最大的耻辱，增强国家认同，培养爱国情感，树立民族自信，形成为实现中华民族伟大复兴的中国梦而不懈努力的共同理想追求，培养青少年学生做有自信、懂自尊、能自强的中国人。

——开展以仁爱共济、立己达人为重点的社会关爱教育。着力引导青少年学生正确处理个人与他人、个人与社会、个人与自然的关系，学会心存善念、理解他人、尊老爱幼、扶残济困、关心社会、尊重自然，培育集体主义精神和生态文明意识，形成乐于奉献、热心公益慈善的良好风尚，培养青少年学生做高素养、讲文明、有爱心的中国人。

——开展以正心笃志、崇德弘毅为重点的人格修养教育。着力引导青少年学生明辨是非、遵纪守法、坚韧豁达、奋发向上，自觉弘扬中华民族优秀道德思想，形成良好的道德品质和行为习惯，培养青少年学生做知荣辱、守诚信、敢创新的中国人。

三、分学段有序推进中华优秀传统文化教育

8. 小学低年级，以培育学生对中华优秀传统文化的亲切感为重点，开展启蒙教育，培养学生热爱中华优秀传统文化的感情。认识常用汉字，学习独立识字，初步感受汉字的形体美；诵读浅近的古诗，获得初步的情感体验，感受语言的优美；了解一些爱国志士的故事，知道中华民族重要传统节日，了解家乡的生活习俗，明白自己是中华民族的一员；初步了解传统礼仪，学会待人接物的基本礼节；初步感受经典的民间艺术。引导学生孝敬父母、尊敬师长、友爱同学、礼貌待人，养成勤俭节约、吃苦耐劳、言行一致的生活习惯和行为规范，培育热爱家乡、热爱生活、亲近自然的情感。

9. 小学高年级，以提高学生对中华优秀传统文化的感受力为重点，开展认知教育，了解中华优秀传统文化的丰富多彩。熟练书写正楷字，理解汉字的文化含义，体会汉字优美的结构艺术；诵读古代诗文经典篇目，理解作品大意，体会其意境和情感；了解中华民族历代仁人志士为国家富强、民族团结作出的牺牲和贡献；知道重要传统节日的文化内涵和家乡生活习俗变迁；感受各民族艺术的丰富表现形式和特点，尝试运用喜爱的艺术形式表达情感；培养学生对传统体育活动的兴趣爱好。引导学生学会理解他人，懂得感恩，逐步提高辨别是非、善恶、美丑的能力，开始树立人生理想和远大志向，热爱祖国河山、悠久历史和宝贵文化。

10. 初中阶段，以增强学生对中华优秀传统文化的理解力为重点，提高对中华优秀传统文化的认同度，引导学生认识我国统一多民族国家的文化传统和基本国情。临摹名家书法，体会书法的美感与意境；诵读古代诗词，初步了解古诗词格律，阅读浅易文言文，注重积累、感悟和运用，提高欣赏品位；知道中国历史的重要史实和发展的基本线索，理解国家统一和民族团结的重要性，认识中华文明的历史价值和现实意义；欣赏传统音乐、戏剧、美

术等艺术作品，感受其中表达的情感和思想；参加传统礼仪和节庆活动，了解传统习俗的文化内涵。引导学生尊重各民族传统文化习俗，珍视各民族共同创造的中华优秀文明成果，培养作为中华民族一员的归属感和自豪感。

11. 高中阶段，以增强学生对中华优秀传统文化的理性认识为重点，引导学生感悟中华优秀传统文化的精神内涵，增强学生对中华优秀传统文化的自信心。阅读篇幅较长的传统文化经典作品，提高古典文学和传统艺术鉴赏能力；认识中华文明形成的悠久历史进程，感悟中华文明在世界历史中的重要地位；认识人民群众创造历史的决定作用和杰出人物的贡献，吸取前人经验和智慧，培养豁达乐观的人生态度和抵抗困难挫折的能力；感悟传统美德与时俱进的品质，自觉以中华传统美德律己修身；了解传统艺术的丰富表现形式和特点，感受不同时代、地域、民族特色的艺术风格，接触和体验祖国各地的风土人情、民俗风尚，了解中华民族丰富的文化遗产。引导学生深入理解中华民族最深沉的精神追求，更加全面客观地认识当代中国，看待外部世界，认识国家前途命运与个人价值实现的统一关系，自觉维护国家的尊严、安全和利益。

12. 大学阶段，以提高学生对中华优秀传统文化的自主学习和探究能力为重点，培养学生的文化创新意识，增强学生传承弘扬中华优秀传统文化的责任感和使命感。深入学习中国古代思想文化的重要典籍，理解中华优秀传统文化的精髓，强化学生文化主体意识和文化创新意识；深刻认识中华优秀传统文化是中国特色社会主义植根的沃土，辩证看待中华优秀传统文化的当代价值，正确把握中华优秀传统文化与中国化马克思主义、社会主义核心价值观的关系。引导学生完善人格修养，关心国家命运，自觉把个人理想和国家梦想、个人价值与国家发展结合起来，坚定为实现中华民族伟大复兴的中国梦不懈奋斗的理想信念。

四、把中华优秀传统文化教育系统融入课程和教材体系

13. 在课程建设和课程标准修订中强化中华优秀传统文化内容。围绕中华优秀传统文化教育的主要任务，适时启动课程标准修订和课程开发的研究论证、试点探索和推广评估工作。在中小学德育、语文、历史、艺术、体育等课程标准修订中，增加中华优秀传统文化内容比重。地理、数学、物理、化学、生物等课程，应结合教学环节渗透中华优秀传统文化相关内容。鼓励各地各学校充分挖掘和利用本地中华优秀传统文化教育资源，开设专题的地方课程和校本课程。开展职业院校民族文化传承与创新示范专业点建设。鼓励有条件的高等学校统一开设中华优秀传统文化必修课，拓宽中华优秀传统文化选修课覆盖面。面向各级各类学校重点建设一批中华优秀传统文化精品视频公开课。加强中华优秀传统文化相关学科建设。

14. 修订相关教材和组织编写中华优秀传统文化普及读物。根据修订后的中小学课程标准，修订相关教材。制作内容精、形式活、受欢迎的数字化课件。在高等学校统一推广使用马克思主义理论研究和建设工程重点教材《中国文化概论》。鼓励有条件的地方结合地方课程需要编写具有地域特色的中华优秀传统文化读本。组织知名专家编写多层次、成系列的普及读物。

15. 充分发挥中小学德育课和高校思想政治理论课的重要作用。促进思想政治教育与中华优秀传统文化教育的紧密结合，以爱国主义教育为核心，深入挖掘中华优秀传统文化中蕴含的丰富思想政治教育资源，进一步丰富中小学德育课和高校思想政治理论课的教学内容，创新教学方法和手段，提升教学效果。

五、全面提升中华优秀传统文化教育的师资队伍水平

16. 打造一支中华优秀传统文化教育骨干队伍。在中小学教师资格考试内容中增加中华优秀传统文化的比重。在师范院校开设中华优秀传统文化课

程。鼓励民间艺人、技艺大师、非物质文化遗产传承人参与职业教育教学。建立非物质文化遗产传承人"双向进入"机制，设立技艺指导大师特设岗位，鼓励有条件的职业院校成立大师工作室。在长江学者奖励计划、新世纪优秀人才支持计划、高等学校青年教师培养计划等各类人才计划，以及"万人计划"教学名师评选中，增加传统文化教学和研究人才比重，培养和造就一批中华优秀传统文化教学名师和学科领军人才。

17. 加强面向全体教师的中华优秀传统文化教育培训。在哲学社会科学教学科研骨干研修、高校思想政治理论课骨干教师研修、高校辅导员骨干培训中加大中华优秀传统文化内容比重。在中小学教师国家级培训计划、义务教育学校校长和农村幼儿园园长研修培训计划、职业学校教师和校长素质提高计划中增加中华优秀传统文化培训内容，提高各级各类学校教师开展中华优秀传统文化教育的能力。

六、着力增强中华优秀传统文化教育的多元支撑

18. 建设不断适应时代需要的中华优秀传统文化网络教育平台。利用好现有全国文化资源共享工程、公共电子阅览室建设工程、数字图书馆推广计划等数字文化惠民工程的数据资源成果，推动优秀传统文化网络传播，制作适合互联网、手机等新兴媒体传播的传统文化精品佳作。重点打造一批有广泛影响的传统文化特色网站，支持和鼓励学校网站开设传统文化专栏。加强校园网络建设，依托高校网络文化示范中心、大学生网络文化工作室等，拓宽适合青少年学生学习特点的线上教育平台。选取一批有代表性的中华优秀传统文化经典诗文，建设"中华经典资源库"。在中国大学生在线、易班网等设立中华优秀传统文化教育专栏，进行形式活泼、内容丰富的在线学习。

19. 加强中华优秀传统文化校园教育活动。利用学校博物馆、校史馆、图书馆、档案馆等，结合校史、院史、学科史和人物史的挖掘、整理和研究，发挥其独特的文化育人作用。深入开展创建中华优秀传统文化艺术传承学校活动，邀请传统文化名家、非物质文化遗产传承人等进校园、进课堂。依托少先队、共青团、学生党支部、学生会、学生社团等，开展主题教育、理论研讨、社会实践、志愿服务、文艺体育等形式多样、丰富多彩的活动。

20. 构建互为补充、相互协作的中华优秀传统文化教育格局。充分利用博物馆、纪念馆、文化馆（站）、图书馆、美术馆、音乐厅、剧院、故居旧址、名胜古迹、文化遗产、具有历史文化风貌的街区等，组织学生进行实地考察和现场教学，建立中小学生定期参观博物馆、纪念馆、遗址等公共文化机构的长效机制。积极配合文化、新闻出版广电等部门，提倡和扶持弘扬中华优秀传统文化的各类文艺作品创作，在评奖、宣传等方面加强引导，办好青少年电视频道，做好图书出版规划，创作、出版一批青少年喜爱的影视片、音像制品和文学艺术作品，为加强中华优秀传统文化教育提供丰富、生动的教育资源。

21. 充分发挥家庭在中华传统文化教育中的重要作用。要重视发挥中小学家长委员会以及各级各类家长学校、家庭教育指导机构、校外活动场所的作用，把学校教育与家庭教育紧密结合起来，积极组织开展学生和家长共同参与的传统文化体验、主题教育实践活动、志愿者服务和公益性活动，践行中华优秀传统美德，弘扬中华优秀传统文化。倡导家长通过言传身教，形成爱国守法、遵守公德、珍视亲情、勤俭持家、邻里和睦的良好家风，营造弘扬中华优秀传统文化的家庭教育氛围。

七、加强中华优秀传统文化教育的组织实施和条件保障

22. 加强对中华优秀传统文化教育的组织领导。各级党委教育工作部门和教育行政部门要把加强对青少年学生中华优秀传统文化教育作为一项战略任务，与宣传、文化、新闻出版广电等部门以及工会、共青团、妇联等群团组织密切配合，建立健全党委统一领导、党政群齐抓共管、有关部门各负其责、全社会共同参与的工作机制，形成中华优秀传统文化教育合力。教育部统筹规划和推进中华优秀传统文化教育课程、教材、师资等建设，明确具体任务和政策措施。充分发挥专家咨询作用，为开展中华优秀传统文化教育提供智力支持。要不断完善社会力量和市场力量参与的传统文化教育投入机制，鼓励和引导多途径增加传统文化教育投入。

23. 完善中华优秀传统文化教育的评价和督导机制。研究制定中华优秀传统文化教育的评价标准，将中华优秀传统文化教育作为教育现代化监测评价指标体系的重要内容。增加中华优秀传统文化内容在中考、高考升学考试中的比重。将中华优秀传统文化教育纳入课程实施和教材使用的督导范围，定期开展评估和督导工作。

24. 加强中华优秀传统文化教育教学研究。充分利用传统文化优势学科、重点研究基地和相关科研力量，深入开展中华优秀传统文化教育教学研究，为中华优秀传统文化教育教学提供理论基础和学理支撑。鼓励各地各校组织专门力量，加强中华优秀传统文化研究机构建设，为学校和教师提供专业服务和指导。

后　记

　　幼教工作者迎难而上，正在努力为中国的幼儿构筑绚丽美好、仁爱友善的教育世界，令人钦佩。作为一名中途莽撞闯入学前教育领域的研究者，可能可以从其他视角尝试考察学前教育亟须解决的一些问题，但这不代表就完全理解了学前教育的教育实践，可以对学前教育做出评价。拙作仅仅是想呼吁传统文化教育在个体童蒙阶段的重要性和科学性，力图呼吁未来要呈现符号化的学前教育样态，因此采取了一种比较笨拙的方式入题与解题。文稿虽已完成，但汗颜不已，只待学界专家、幼教工作者批评与指导。

　　本书完成历时两年，有其存在的机遇及价值，一是延续了个人博士论文关于教材及传统文化的研究，丰富了幼教教材研究；二是提前完成了 2021 年立项的湖南省哲学社会科学基金一般项目"中华优秀传统文化进幼儿教材现状调查与研究"（21YBA258）的研究任务。在此，要特别感谢湖南省社科基金课题评审组的专家们，没有因"幼儿教材"这个问题的争议而否定这个课题的立项，从而促使我面向学前教育相对微观的教育生活也有机会开展调查研究，考察在这个阶段的传统文化教育的活动样态。

书稿完成之际，感谢课题组成员长沙师范学院张晓辉教授、杨琴教授，丽江师范高等专科学校张莉副教授，丽江市幼儿园洪雁园长的信任与指导，没有你们的无私支持，该书无法顺利产出。另外，感谢我的学生胡璇、邓珺、李沁茹，感谢你们为本书做出的贡献，没有你们的付出，本书也不可能提前完成，在此预祝你们心想事成，幸福久久！

最后，谨以此作送给我的家人与朋友们，祝愿越来越好！

刘爱华

2023 年 7 月